Andrea und Andreas Strauß
TRANSALP ZU FUSS

TRANSALP ZU FUSS
IN 10 TAGEN IN DEN SÜDEN

Andrea und Andreas Strauß

rosenheimer

Dieses Buch ist sorgfältig erarbeitet worden. Dennoch können die Autoren und der Verlag keine juristische Gewähr für die Richtigkeit der gemachten Angaben übernehmen. Die Informationen in diesem Buch entsprechen dem Redaktionsstand bei Drucklegung. Bitte beachten Sie, dass sich bei manchen der beschriebenen Sachverhalte (wie z.B. Öffnungszeiten der Hütten) unter Umständen kurzfristig Änderungen ergeben können. Für eventuelle Schäden, die dem Benutzer durch die Befolgung der Ratschläge in diesem Buch entstehen, kann keine Haftung übernommen werden.

Besuchen Sie uns im Internet: www.rosenheimer.com

© 2009 Rosenheimer Verlagshaus GmbH & Co. KG, Rosenheim
Lektorat, Layout und Satz: BuchBetrieb Peggy Stelling, Leipzig
Kartenreproduktion: Stragenegg Scan, Kolbermoor
Das Copyright der Texte und aller Bilder liegt bei den Autoren.

Umschlag oben: Am Spronser Joch.
Umschlag unten: Bei der Radlseehütte.
S. 1: Auftakt zur Transalp in Garmisch mit Blick zur Zugspitze.
S. 3: An der Spronser Seenplatte vor Meran.

Die Übersichtskarten basieren auf Ausschnitten aus der Auto- und Freizeitkarte
1:200 000 »Kärnten Osttirol« und aus der Auto- und Freizeitkarte
1:200 000 »Tirol Vorarlberg« von Freytag-Berndt u. Artaria, A-1230 Wien,
sind jedoch nicht maßstabsgerecht reproduziert.
Der Verlag dankt für die freundliche Genehmigung zum Abdruck.
Die Transalp-Routen wurden in die Karten eingezeichnet von BuchBetrieb Peggy Stelling, Leipzig.

Druck und Bindung: Offizin Andersen Nexö Leipzig GmbH, Zwenkau
Printed in Germany

ISBN 978-3-475-53985-5

Inhaltsverzeichnis

Vorwort
Seite 6

Vor dem Losgehen
Seite 8

Von Oberstdorf nach Meran
die beliebteste Transalp
Seite 12

Wegbeschreibung
Seite 52

Von Garmisch nach Brixen
die härteste Transalp
Seite 56

Wegbeschreibung
Seite 96

Von Berchtesgaden nach Lienz
zum Großglockner und weiter
Seite 100

Wegbeschreibung
Seite 140

VORWORT

Der bekannte amerikanische Naturfotograf Galen Rowell wurde vor Jahren von der Presse angegriffen, Bilder verfälscht zu haben. Der Sonnenuntergang sei viel zu farbintensiv, so kitschige Farben kämen in der Natur nicht vor, kritisierte Redakteurin Rebecca S. In seiner Kolumne im *Outdoor Photographer* äußerte sich der Fotograf dazu. Es sei sein Beruf, bei Sonnenaufgang und -untergang draußen zu sein und bei gutem Licht Bilder zu machen. Farbintensive Sonnenuntergänge existierten, und wenn die Redakteurin daran Zweifel hegte, weil sie noch nie Derartiges hätte erleben dürfen, wäre das vor allem bemitleidenswert. »Poor Rebecca« endet der Artikel.

Doch wie oft ist uns selbst im Bergurlaub der Blick auf den Sonnenuntergang verstellt, weil wir längst wieder im Tal sind, weil uns die Zivilisation längst zurück hat? Wie oft träumt man am Nachmittag auf der Hüttenterrasse davon, jetzt dableiben zu können? Bleiben, wenn alle anderen absteigen müssen. Ums nächste Wegeck schauen, den nächsten Gipfel erkunden, ins Joch drüben steigen und weitergehen. Immer weiter. Die Lust am Entdecken haben wir alle. Sie gehört zum

Menschen wie die Nase ins Gesicht. Manche Nasen sind größer, andere etwas kleiner. Für manchen Wanderer wird eine Transalp eine wahre Herausforderung sein, ein sportlicher Höhepunkt. Für andere eine unbeschwerte Zeit draußen in den Bergen. Zu schaffen ist sie für jeden. Nur losgehen muss man.

Das Wandern von Hütte zu Hütte und gerade die Überquerung der Alpenbarriere findet zu Recht immer mehr Zuspruch. Familien mit Kindern sind genauso auf Entdeckerreise wie die Gruppe von Freunden um die dreißig. Warum auch nicht! Gute Wege verbinden die Etappenziele, ein Netz von Hütten lädt zur Einkehr oder Übernachtung ein, und die Erlebnisse auf einer Zehn-Tages-Tour über die Alpen sind einfach nicht vergleichbar mit zehn einzelnen Wandertagen. Wir brauchen Ziele. Beim Wandern und im Leben, dann fällt vieles leichter.

Großartige Fernsichten, wilde Tiefblicke, nette Bekanntschaften, tausend Wunder am Wegrand und einmalige Naturerlebnisse sind reichlich Lohn für ein paar Schweißtropfen, die man auch vergießen wird. Nach zehn Tagen ist man nicht nur im sonnigen Süden angekommen – in Meran, Brixen oder Lienz –, sondern oft auch bei sich selbst. Ein Gefühl, das lange trägt, Erinnerungen, die bleiben, und Erlebnisse, die reich machen. Poor Rebecca – ade!

Wir wünschen Ihnen Entdeckerlust, viele bereichernde Erlebnisse und eine gesunde Rückkehr vom Transalp-Abenteuer!

Andrea und Andreas Strauß im März 2009

Wie oft träumt man vom Losgehen! Zumal an einem Herbsttag hoch über dem Zeller See, wenn die Gletscherberge der Hohen Tauern locken.

Vor dem Losgehen

Vom Fieber Transalp angesteckt, möchte man am liebsten gleich losstarten. Doch für die wenigsten wird das sofort möglich sein. Das ist nicht schlimm; Vorfreude gehört erstens zu jeder Reise, und zweitens braucht man auch ein wenig Zeit für die Vorbereitungen.

Die wichtigste Frage ist zunächst: Welche Transalp will man unternehmen? Technisch am einfachsten ist die Route von Oberstdorf nach Meran, Teil des Europäischen Fernwanderweges 5 (E5). Kürzere Einzeletappen und auch eine geringere Gesamtleistung werden auf der Strecke Berchtesgaden – Lienz abverlangt. Wer auf einer geführten Tour die zusätzliche Sicherheit durch einen Bergführer bevorzugt und sich auch einiges an Organisation abnehmen lassen will, wird ohnehin den E5 wählen, denn diesen hat eine ganze Reihe von kommerziellen Anbietern im Programm. Wer auf schwierigere Varianten und zusätzliche Gipfel verzichtet, wird als Normalwanderer aber jede der drei vorgeschlagenen Transalps begehen können. Die einzigen Voraussetzungen sind etwas Kondition, Trittsicherheit und ein Mindestmaß an Schwindelfreiheit, wie sie für normale Bergtouren auch gefordert werden. Auch wenn auf kurzen Passagen einmal ein Drahtseil über Schwierigkeiten hinweghilft oder Eis unter den Sohlen knirscht: Auf den hier beschriebenen Routen benötigt man weder Klettersteig- noch Gletschererfahrung. Sie sind für Wanderer und Bergsteiger geeignet.

Entsprechend gibt es keine Altersbeschränkung. Wir haben auf einem der schwierigen Abschnitte eine

Familie mit ihren zwei Mädeln im Grundschulalter getroffen, und unsere Bekannte Antje mit 71 Jahren meinte nach dem E5 strahlend: »Schön war's.«

Eine andere wichtige Frage ist, mit wem man sich in den Süden aufmachen will. Mit Freunden und Bekannten, zu zweit, allein? Je größer die Gruppe, desto mehr Abstimmung ist nötig und desto ähnlicher sollten Interessen und Gehtempo sein. Zwischen ehrgeizigen Leistungssportlern und fotografierenden Blümchenriechern müssen Liebe und Toleranz schon groß sein, um eine intakte Gruppe aufrechtzuerhalten. Andererseits macht das Abenteuer zusammen mit Freunden mehr Spaß, und gemeinsames Glück ist bekanntlich doppeltes Glück!

Eng mit der Gruppengröße ist das Thema Hüttenreservierung verknüpft. Große Gruppen müssen zwingend vorreservieren. Das gilt besonders in den Wandermonaten August und September. In Italien ist im August Ferragosto, gewissermaßen die Hauptferienzeit, dann sind alle Schlafplätze auf den Hütten voll, und ohne Buchung sieht man schlecht aus. Wer sich spontan zum Losgehen entschieden hat oder eine Terminänderung vornehmen musste, sollte auf den Hütten natürlich auch Bescheid geben. Doch Vorsicht: Ein paar wenige Unterkünfte sind nicht (mehr) telefonisch erreichbar. Um bei nicht wahrgenommenen Vorreservierungen eine Ansprechperson zu haben, kann man mit ihnen nur per Fax oder Mail in Kontakt treten. Wer also sein Satellitenfax nicht im Rucksack mitträgt, hat dann keine Chance mehr.

Wenn möglich, kann man auf die Nebensaison ausweichen. Im Juni und Juli wandert man dann in den niedrigen Lagen durch ein buntes Blumenmeer, in den Hochlagen allerdings können Übergänge durch Restschnee schwierig oder unmöglich sein. Ab Mitte September dagegen schließen die ersten Hütten schon wieder. Die Öffnungszeiten der Hütten sind daher bei einigen Häusern mit angegeben, wenn sie besonders spät öffnen oder früh schließen. Schön sind alle Jahreszeiten, jede hat ihren besonderen Reiz.

Für die Feinplanung lautet unser Tipp: Den E5 sollte man nicht am Wochenende beginnen, denn dann

gehen die meisten Gruppen los, und die kleineren Hütten im weiteren Verlauf sind sehr voll. Für den Weg Garmisch – Brixen dagegen bietet sich gerade das Wochenende zum Start an, wenn in den Skigebieten am Zugspitzplatt und an der Ehrwalder Alm die Bagger stillstehen, während an Wochentagen fast immer irgendwo gebaut wird. Dann können hier so viele Bagger und Lkws im Einsatz sein, dass jede italienische Autobahnbaustelle neidisch wird.

Zur Vorbereitung zählt auch die persönliche Fitness. Wer völlig untrainiert startet, wird weniger Spaß beim Gehen haben, ja in Extremsituationen sogar in ernsthafte Gefahren kommen können. Um sich realistisch einzuschätzen, sollte man einige Wochen vor dem Start eine Generalprobe machen, am besten mit Übernachtung und der geplanten Transalpausrüstung. So lassen sich Schwachstellen an Rucksack, Socken und Wadenmuskulatur rechtzeitig beheben. Auf der Transalp selbst sind für jede Etappe auch Zwischenzeiten auf Viertelstunden genau angegeben. Die Zeiten beziehen sich immer auf die Entfernung von der letzten Zeitangabe. Das erleichtert die Planung tagsüber. Rechengrundlage ist die übliche Wanderleistung von 400 Höhenmetern pro Stunde im Aufstieg und 600 im Abstieg. Zusätzlich geht mit der Horizontaldistanz auch die gesamte Wegstrecke mit in die Berechnung ein.

Sehr hilfreich ist es außerdem, zumindest einen Ruhetag einzuplanen. Bei der Tour Berchtesgaden – Lienz wurde bereits ein »gemütlicher« Tag einkalkuliert, die beiden anderen Strecken sind länger, hier sollte man selbst für eine Unterbrechung sorgen. Den müden Muskeln tut die Pause am dritten oder vierten Tag am besten. Eine besonders schöne Landschaft oder eine extragemütliche Hütte können aber auch Argumente für einen Ruhetag sein. Zusätzlich kann man lange Tagesetappen entschärfen, indem man eine Zwischenübernachtung einplant. Das enge Hüttennetz erlaubt dies meistens.

Schließlich nähert sich der Countdown vor dem Losgehen dem Ende, und man macht sich ans Rucksackpacken. Dazu eine kleine Hilfestellung.

Unbedingt in den Rucksack sollten:

- bequeme Trekkingschuhe
- 2 Paar Bergsocken
- Berghose
- Regenhose
- Unterwäsche
- 2 bis 3 Funktionsshirts
- Fleecejacke oder -pulli
- Anorak
- Wanderstöcke
- Hüttenschlafsack (aus Seide ist er am leichtesten)
- Waschbeutel mit Miniaturausstattung
- Sonnenhut/-kappe/-tuch
- Sonnenbrille
- eiserne Notverpflegung
- Trinkflasche je nach persönlichem Bedarf
- dünne Handschuhe, Mütze o. ä.
- Minihandtuch (Microfaser ist sehr leicht)
- Personalausweis, Alpenvereins-Ausweis
- Geld

Je nach Bedarf kann man mitnehmen:

- kurze Hose
- Hüttenschuhe
- Ohropax®
- Fotoapparat

In der Gruppe sollten außerdem mitgenommen werden:

- Wegbeschreibung und Karten, evtl. als Ausschnitt
- kleines Verbandszeug, auch mit Blasenpflaster
- Rettungsfolie
- Höhenmesser
- Wecker
- Sonnencreme
- Handy
- Taschenmesser
- kleine Taschenlampe

Die wichtigste Regel heißt: So wenig Gewicht wie möglich, für Frauen jedenfalls nicht mehr als acht Kilogramm, für Männer zehn Kilogramm. Im Wohnzimmer hebt sich jeder Rucksack leicht. Doch zwei Kilo mehr oder weniger auf 10 000 Höhenmetern sind genauso anstrengend wie zwanzig Kilo auf 1 000 Höhenmetern. Und wer trägt schon gerne einen vollen Kasten Bier auf Bergtour mit? Zusätzlich wohlgemerkt! Wirklich viel Gewicht kann man sparen, wenn man auf den Almen und Hütten einkehrt und im Tal seine Vorräte auffüllt. Einkaufsmöglichkeiten sind bei den Informationen zu den Einzeletappen daher angegeben. Vielleicht leistet man sich sogar den Luxus eines Begleitfahrzeugs, dann kann man auf frische Kleidung zurückgreifen. Aber es geht auch gut ohne. Weniger ist oft mehr.

Für den Notfall sollte man sich der Abbruchmöglichkeiten bewusst sein. Ein Regentag lässt sich gut durchstehen, aber am dritten Tag in nassen Schuhen wird man darüber nachdenken, die Tour zu einem früheren Zeitpunkt zu beenden. Fast auf jeder Etappe kann man ins Tal absteigen. Außerdem besteht die Möglichkeit, einen Schlechtwettertag mittels öffentlicher Verkehrsmittel zu überbrücken.

Öffentliche Verkehrsmittel sind auch das angeratene Mittel zur An- und Abreise. Schließlich liegen zwischen Start- und Endpunkt die Alpen, und selbst per Luftlinie legt man mehr als einhundert Kilometer zurück. Die Anreise mit Bahn und Bus ist erholsam und außerdem ein kleiner Beitrag zum Umweltschutz. Verantwortliches Verhalten gilt hier ebenso wie während der zehn Tage auf dem Weg in den Süden: »Hinterlasse nichts als Fußspuren. Nimmt nichts mit außer Fotos.« Und viele schöne Erinnerungen, könnte man ergänzen.

S. 8: Das passende Reisetempo ist wichtig. Ob sportlich-ehrgeizig oder mit viel Zeit, um die Blumenwiesen in den Lechtaler Alpen zu genießen, muss jeder selbst entscheiden.
S. 9: Frischer Schnee in den Bergen ist selbst im Hochsommer keine Seltenheit. Beim Abstieg von der Zugspitze zum Zugspitzplatt.
S. 10: Ein neuer Tag, neue Erlebnisse. In der Schobergruppe begrüßt uns die aufgehende Sonne direkt hinter dem Sonnblick.

Wildspitze und Hinterer Brunnenkogel im ersten Licht. An der Braunschweiger Hütte.

Nur wo man zu Fuß war, war man wirklich.

Von Oberstdorf nach Meran – die beliebteste Transalp

Hier muss es gewesen sein. Vor etwa 5 300 Jahren hat hier am Tisenjoch »Ötzi« seine letzten Atemzüge getan. Ob er an seiner Pfeilverletzung gestorben ist? An Erschöpfung auf der Flucht? So vieles wissen wir nicht, obwohl sich seit dem Auffinden der steinzeitlichen Mumie im Jahr 1991 eine ganze Schar von Wissenschaftlern um die Erforschung bemüht. Vermuten kann man immerhin, dass selbst zu dieser frühen Zeit bereits Alpenübergänge bekannt waren und benutzt wurden, wenn auch gewiss nicht, um sich für eine Woche oder zehn Tage zu erholen, die Natur zu erleben oder sich sportlich zu verwirklichen.

Auch die Strecke von Oberstdorf nach Meran, die einen Teil des Europäischen Fernwanderweges Nr. 5 vom Bodensee zur Adria darstellt, nutzt den günstigen Übergang durch die Ötztaler Alpen ins Schnalstal – so wie vor über 5 000 Jahren schon Ötzi.

Oberstdorf – Meran, kurz E5, ist die beliebteste Transalp zu Fuß. Die Gründe liegen auf der Hand: Wer ein Minimum an Annehmlichkeiten nutzt, kann in sechs

bequemen Wandertagen vom Allgäu zu Fuß nach Südtirol gehen!

Welcher Startpunkt würde sich für eine Alpenüberquerung besser anbieten als Oberstdorf? Der Ort blickt auf eine lange Geschichte als Fremdenverkehrszentrum zurück, liegt traumhaft inmitten der bekanntesten Allgäuer Berge, ist gut erreichbar und für unser Vorhaben günstiger platziert als jeder anderer Ausgangspunkt: Oberstdorf ist die südlichste Gemeinde Deutschlands, und bis zum Ziel Meran sind es »nur« 110 Kilometer Luftlinie. Das ist natürlich immer noch genug, um zu Recht stolz zu sein, wenn man den E5 gegangen ist. Meran als Ziel wiederum vereint alles Flair Südtirols. 300 Sonnentage im Jahr, Palmengärten und Weinhänge, die Flanierpromenade im Kurpark, die exklusiven Geschäfte in den Lauben, die Sissi-Gärten von Schloss Trautmannsdorf, die neue, 2005 fertiggestellte Therme.

Zwischen Oberstdorf und Meran erwarten uns die Allgäuer Blumenwiesen, die Hochgebirgsseen um die Memminger Hütte, das schaurig-eindrucksvolle Zammer Loch, der Aussichtsberg Venet, die Pitztaler Gletscherwelt mit dem Wildspitzblick von der Braunschweiger Hütte, der Venter Panoramaweg und schließlich der lange Aufstieg auf den Similaun zu, Richtung Niederjoch/Hauslabjoch. Auf der Similaunhütte gibt es bereits Südtiroler Spezialitäten. So gestärkt, steigt man ins Schnalstal ab, immer auf die grüne Wasserfläche des Vernagtsees zu. Am Ende des sechsten Tages beendet hier die Mehrzahl der E5-Geher die Tour mit der Busfahrt nach Meran.

S. 14: Das erste Übernachtungsziel ist die Kemptner Hütte.
S. 15: Morgenstund am Ifen und am Gottesackerplateau. Vom Mädelejoch.

Uns stehen vier wunderbare – viel ruhigere – Tage noch bevor. Im Naturpark Texelgruppe erleben wir nochmals Hochgebirgslandschaften, die markanten Berggestalten von Hoher Weiße, Hoher Wilde und Lodner, wunderschöne Almen mit üppigem Blumenschmuck, die sagenhafte Spronser Seenplatte hoch über Meran, und nach über 2000 Höhenmetern Abstieg betreten wir – mit wackligen Knien und glücklich – wie auf einem Wunderweg die alte Kulturstadt Meran. Nach einem Weg durch Apfelhaine, Gärten und Weinberge stehen wir unvermittelt vor der Pfarrkirche St. Nikolaus. Ein Finale, wie es schöner nicht sein kann!

Von Schuhen und Fußballspielern
Erster Tag

Einträchtig stehen sie nebeneinander, Paar an Paar. Große und kleine. Solche in den besten Jahren neben welchen, die schon auf ein langes Leben zurückblicken. Modische und »graue Mäuse«. Saubere und lehmverkrustete. Noch nie habe ich so viele Bergschuhe auf einem Fleck gesehen wie im Schuhraum der Kemptner Hütte.

Anfang August, an einem Samstagabend. Die Hütte ist mit über 300 Personen voll besetzt, selbst die Notlager unter dem Dach sind schon vergeben. Wie viele Gleichgesinnte heute in Oberstdorf aufgebrochen sind, um über die Berge in den Süden zu wandern, wissen wir noch nicht. Die Kemptner Hütte im Talkessel von Trettachspitze, Mädelegabel, Hochfrottspitze und Kratzer ist für viele Wanderer ein attraktives Ziel, trotz der gut vier Stunden Hüttenaufstieg. Dieser hat für uns heute Mittag in Renksteg begonnen, nach der Anreise mit der Bahn und einer kurzen Busfahrt durch Oberstdorf, an der Lorettokapelle vorbei bis ans südliche Ortsende.

Oberstdorf: ein Kribbeln in den Beinen, ein bisschen flauer Magen und das Gefühl, dass es jetzt endlich losgeht. Vorfreude und Spannung. Ganz bewusst lasse ich die vorbeiziehenden Schaufenster während der Busfahrt auf mich wirken. Die Auslage des Bäckers, Teleskopstöcke, Sonnenhüte. Ein Schuhständer mit Bergschuhen. »Restposten 30 %« steht darüber. Während des Schnarchkonzerts im Matratzenlager werde ich mich heute Nacht daran erinnern und mich im Halbschlaf prächtig darüber amüsieren, dass wohl

Das Gipfelmeer der Lechtaler Alpen. Am zweiten Wandertag taucht man bereits in diese wunderbare Gebirgsgruppe ein.

alle Bergschuhe aus dem Schuhraum hier eingekauft worden sind.

Das Allgäu ist berüchtigt für seine ewig langen Täler, die Spielmannsau ist da keine Ausnahme. Über zehn Kilometer geht der Weg zuerst am Ufer der Trettach entlang, später biegt er ins tief eingeschnittene Tal des Sperrbachs ein. Ein langer Talweg, ein hitzeflirrender Augusttag, ein schwerer Rucksack und allmählich verstummende Gespräche, erdrückt von der Anstrengung? Nein, wunderbarerweise verläuft der Aufstieg angenehm kühl. Anfangs durch eine Allee, am blaugrünen Christlessee vorbei, dann meist im schattigen Wald. In der Spielmannsau kann man den Durst löschen, dann endet bald die Almstraße, und ein schmaler Wanderweg führt uns in jene typische Allgäuer Bergwelt mit ihren steilen Grasflanken, den Blumenparadiesen und den wilden Gebirgsbächen. Wirklich wild wird es in dem engen Tobel eine knappe Stunde unter der Kemptner Hütte. Meterhoch liegt der Lawinenschnee noch im Talgrund. Nebelschwaden wabern über der schmutzigen Altschneefläche, ein Eiswind schlägt uns entgegen. Mit Gänsehaut an Armen und Beinen verlassen wir die Schneefläche schließlich, um auf dem Weg knapp oberhalb in der Flanke weiterzusteigen, mit dem Blick allerdings in die schaurige Kluft zwischen Fels und Eis. Welch Kontrast zu den Blumenwiesen, durch die man Minuten später wandert! Glockenblumen und Pippau als blaue und orange Farbtupfer im Grün. Eisenhut, Läusekraut und Türkenbund wiegen sich im Wind.

Zweiter Tag

Morgens um halb acht. Das fünfreihige Schuhregal sieht aus wie ein Emmentaler: viele Löcher. Und gleich werden noch sechs Paar fehlen. Ein zeitiger Start kann nie schaden. Auch hat im Wetterbericht der Hinweis auf nachmittägliche Sommergewitter nicht gefehlt … Das Mädelejoch wird das erste Etappenziel sein. Hier hat der Allgäuer Hauptkamm mit knapp 2 000 Metern eine Schwachstelle, die einen einfachen Übergang ins Lechtal gestattet. Die Lorettokapelle fällt mir wieder ein, zu der seit dem 17. Jahrhundert eine Wallfahrt aus

S. 18: Kratzer, Mädelegabel und Trettachspitze über dem Talkessel der Kemptner Hütte.
S. 19: Geheimtipp Rossgumpenfall.

dem Lechtal Brauch war. Wir werden in die Gegenrichtung wandern.

Durch die frisch gewaschenen Almrosenfelder zieht morgendlicher Nebel hinauf. Vor uns hören wir das Klack-klack einiger Stöcke auf dem Steinuntergrund, hinter uns Gespräche übers Frühstück, die durch den Wind herauf getragen werden. Jeder versucht, seinen Rhythmus zu finden, unsere Gruppe ist erstaunlich schweigsam heute Morgen, fast in sich gekehrt. Bald ist das Mädelejoch erreicht. Ein alter, verbeulter und angerosteter Bundesadler auf gelbem Grund verabschiedet uns, durch die Nebelfetzen höre ich den Bergführer einer der kommerziell geführten Gruppen das Hohelied auf das gelobte Land Tirol anstimmen. Folkloreeinlage für seine Teilnehmer oder Herzensbedürfnis? Ich bin mir keineswegs sicher. Genauso wenig wie kurz später, als er seiner Wandergruppe eine Demonstration im richtigen Schuhebinden gibt.

Verblühte Almrosenfelder, Bäche und steile Flanken führen hinab zur Unteren Roßgumpenalm. Bis hier herauf spazieren auch viele Tagesgäste aus dem Lechtal. Die Einkehr, der bequeme Weg und zwei eindrucksvolle Wasserfälle locken. Den oberen findet man gleich etwas versteckt bei der Roßgumpenalm, am unteren kommt man automatisch vorbei, denn die Almstraße verläuft parallel zum Simmswasserfall. Ein riesiger Schneepfropf, gut 15 Meter dick, steckt in dem Felsschlund, unterspült von den Wassermassen des gesamten Tals. Prädikat »eindrucksvoll«.

S. 20: Blumenreich die Täler, wild die Gipfel – die Lechtaler Alpen beim Aufstieg zur Memminger Hütte.

In Holzgau begrüßen uns die beiden knallig roten Türme der Kirche und zwei Sammeltaxis. Wie fast alle Transalpler sagen wir zu dieser Erleichterung nicht nein. Schließlich sind wir 359 Jahre alt – zumindest alle zusammen. Von Holzgau werden wir durchs Lechtal nach Bach gefahren (bis hierher verkehrt auch der öffentliche Bus), dann geht es durchs Madautal weiter bis zum Materiallift der Memminger Hütte. Fast 17 Kilometer zusätzliche Gehstrecke wären es, wenn man ganz puristisch bei der eigenen »Manpower« bliebe. Wie die größere Ausgabe der Allgäuer kommen uns die Lechtaler Berge vor. Höher, einsamer, streckenweise wilder. Eineinhalb Tage benötigt man, um auch diesen Gebirgsstock zu überschreiten. In der winzigen Seescharte ist man auf 2 599 Metern, so einfach wie in den Allgäuern wird uns also der Übergang nicht gemacht.

Doch erst steht der Hüttenaufstieg zur Memminger Hütte an. Noch nasche ich von den letzten süßen Walderdbeeren, da windet sich der Pfad durch Erlenbüsche hinauf, gewinnt über Blumenwiesen an Höhe und leitet auf einen großen Wasserfall zu. Auf den Felsblöcken an der Brücke befindet sich der inoffizielle Rastplatz, keiner kommt hier vorüber, ohne seine Trinkflasche aus dem Rucksack zu holen und den Blick rundum zu genießen. Da ist einmal die imposante Freispitze im Westen, bekanntes Kletterziel, da sind die Allgäuer Berge im Norden. Kaum zu glauben, aber jenseits der Mädelegabel ist man heute Morgen – mehr oder weniger verschlafen – aus dem Lager gekrochen.

Oberstdorf – Meran 23

Welche Entfernung! Steil ragen Hochfrottspitze und Hochvogel in den Himmel. Je nach Interessenslage können auch die anderen Wanderer die Aufmerksamkeit auf sich ziehen: »Pst, schau, neben denen sind mir doch in Oberstdorf im Bus g'sessn.« »Was meinst, wie lang die weiße Hos'n so weiß bleibt?« »Den hamma doch auch scho' amal troffn.«

Eine halbe Stunde später pausieren wir wieder – diesmal im Paradies. Ein grüner Talkessel, in dessen Grund der Bach mäandert, Blumenwiesen, ab und zu der Pfiff eines Murmeltiers, drüben auf dem nächsten Absatz die Memminger Hütte und rundum als Einrahmung wilde Berggestalten. Ein Platz zum Träumen. Wäre da nicht jemand drüben im Geröll und würde Krach machen und mit einer Blechbüchse Fußball spielen. Zu sehen ist erstaunlicherweise niemand. Gibt es Geister auf der Memminger Hütte? Erst mit dem Feldstecher ist ein Murmel auszumachen, der mit einer verbeulten Dose Fußball spielt und scheinbar in den Memminger-Hütten-Kader für die nächste EM aufgenommen werden will.

Nur wenig hinter der Hütte liegt der Untere Seewisee im Karboden – ideal für einen Abendspaziergang. Von Entdeckerneugier gepackt, steigen wir noch eine Geländestufe auf, zum Mittleren Seewisee. Über dem befindet sich natürlich der Obere Seewisee. Über allen dreien ragt das Seeköpfle auf … Schade, dass es anschließend für den eigentlichen Hüttenberg, den Seekogel, schon zu spät ist. Den werden wir am nächsten Morgen besuchen, wenn die Steinböcke an den südseitigen Hängen grasen und die ersten Sonnenstrahlen Lechtaler und Allgäuer Alpen umschmeicheln.

Von Socken und Löchern
Dritter Tag

»Mei, is des schee. Da will i nimmer weg.« Woran es liegt, dass die Seescharte so einen Reiz ausstrahlt, können wir hinterher nicht recht sagen. Das letzte Blockfeld hinauf sieht zwar steil und unangenehm zu gehen aus, erweist sich dann aber als problemlos. Selbst die paar Schritte über Felsstufen hinauf werden von allen gemeistert. Eine ganz schmale Felsbresche bildet den Übergang. So schmal, dass der etwas kräftigere Bergsteiger, der sich gestern schon die Spötteleien seiner Kameraden gefallen lassen musste, wie viele Kilo der Hüttenanstieg »gebracht« habe, lauthals jammert: »Da pass i nie durch!« Er schafft es dann doch – trotz des großen Rucksacks. (Wenn auch nur knapp!) Weit draußen ragen die Zacken der Ötztaler Alpen auf. Die Bergkämme rechts und links von uns geben einen schmalen Horizont frei. Tief unter uns sieht man schon ins »Loch«. Ein unromantischer Name, aber treffend. Der Lochbach – so heißt er wirklich – hat ein unglaublich tiefes Bett eingegraben. Ab der Oberlochalm werden wir ihm folgen. Ein Buchtitel kommt mir in den Sinn: Der lange Abstieg. Für die Etappe hinab nach Zams würde er perfekt passen.

S. 22/23: Der Untere Seewisee mit der Memminger Hütte.
S. 24: Idyllisch ist der Aufstieg zur Memminger Hütte und erst recht die Lage des Hauses nahe des Seewisees.
S. 25: An der Memminger Hütte: Tagesziel erreicht – Zeit zum Schauen.
S. 26/27: Das Abendlicht modelliert die Lechtaler und Allgäuer Alpen.

Die Oberlochalm. Gerade richtig für ein zweites Frühstück oder eine Brotzeit. Erst etliche Stunden später werden wir uns wundern, wie man jemals auf den Gedanken verfiel, hier eine Alm zu unterhalten. Noch sehen wir sie mit unbefangenen Augen: ein uriges Gebäude, eine riesige Weidefläche fürs Vieh, der rauschende Bach – eine Alm eben. Auch an der Unterlochalm stimmt unsere Sichtweise der Dinge noch. Dann beginnt der Bach, sich von unserem Weg zu entfernen. Tiefer und tiefer unten hört man ihn rauschen, während unser Steig kaum an Höhe verliert und die Talflanke zunehmend steiler wird. Gute fünf Kilometer werden es am Ende sein, die sich der Weg durchs Steilgelände zieht. Teils aus dem Felsen gehauen, fast überall mit Blick hinab auf die Wassermassen im Zammer Loch, die hunderte Meter unter uns brodeln. Ein Fehltritt einer Kuh und man könnte sie nach dem nächsten Hochwasser bei Zams aus dem Bach ziehen.

Schließlich wendet sich der Steig auf die Südseite und erlaubt den ersten Blick auf die Altstadt von Landeck. Dann tauchen zwischen den Kiefern die Häuser von Zams auf, das grüngraue Band des Inns, das erste Verkehrsdröhnen dringt herauf. Noch ein paar Serpentinen, dann ist der »Knieschnackler« überstanden und die Zivilisation hat uns wieder!

Vierter Tag

0:00 zeigt die rote Leuchtanzeige des Kaffeeautomaten. Direkt darunter ist ein Ausdruck aufgeklebt: »Becher sind aus.« Aus dem Lautsprecher tönt »Bread and Honey«, und wir sind die einzigen Menschen im Wartesaal der Venetbahn. Unsere Gruppe hat sich am heutigen vierten Tag geteilt. Der Großteil umrundet den Venet, einen Höhenzug zwischen Landeck und Imst, mit dem Autobus und fährt gleich weiter durchs Pitztal, um dann von Mittelberg zur Braunschweiger Hütte aufzusteigen. Denn hinter Landeck droht eine dunkelgraue Schlechtwetterwolke, die Gipfel sind schon vom Wolkengebräu verschluckt. Auch in Zams waren die Straßen noch nass von den nächtlichen Regenfällen.

Die 8-Uhr-Gondel ist dennoch komplett voll mit E5-Wanderern. An »guten« Tagen sind über 100 Personen auf einer Tagesetappe unterwegs. Weitwandern boomt, und der E5 gehört zu den populärsten Strecken.

Auf 2 200 Metern spuckt uns die Bergstation aus. Es stürmt, der Wind ist eisig. Schnell machen wir alle Luken des Anoraks dicht und laufen los, um mit Hilfe der zahlreichen Frühstückssemmeln unserer Pensionswirtin in Zams ein paar Kalorien in Wärme umzuwandeln. Das Feld reißt rasch auseinander, am ersten

Gipfel, der Glanderspitze, sind wir ganz allein. Selbst wenn wir es nicht wären – die Wolken sind nun so niedrig, dass man sowieso niemanden bemerken würde. Auf einem Grat geht der Weg weiter über mehrere Gipfel. Ein wunderbarer Höhenweg mit prächtiger Sicht auf die Lechtaler Alpen und das Inntal zur Linken, auf die Ötztaler Alpen zur Rechten und die Stubaier vor uns. Heute sehen wir lediglich ein paar Meter Blockfeld und hin und wieder eine Markierung. Laut knattert die Rucksackregenhülle im Sturm, der Wind pfeift über den Kamm, Verständigung ist nur durch Anbrüllen möglich. So torkeln wir durchs Blockwerk, sinnieren darüber, ob die etwas Kräftigeren heute im Vorteil wären und weniger vom Sturm verblasen würden.

Dankbar folgen wir der E5-Markierung vom Grat weg in die Flanke. Geschützt vom Wind steigen wir ab. Einen Schlechtwettertag hat man immer zu überstehen, tröste ich mich, und dann ist es eben heute! Der kleine Selbstbetrug funktioniert und heitert auf. Dazu ein paar dunkelgrüne Almrosenblätter – frisch gewaschen – und die letzten pinkfarbenen Blüten, große Felsen voller Flechten, in Gelb, Weiß und Hellgrün, später ein schönes Moor mit Wollgras, eine Lärche mit Millionen Regentropfen an den Nadeln. So schlimm ist ein Regentag auch nicht!

An der Galflunalm und der Larcheralm führt der Weg vorbei, zweigt auf einen Fußweg ab und bringt uns durch schönen Wald hinab. Der weiche Waldboden tut gut, hin und wieder probieren wir die Heidelbeeren und saugen den würzigen Schwammerlgeruch ein. Einmal glänzt sogar eine hellbraune Steinpilzkappe gleich neben dem Weg. Doch den lassen wir ausnahmsweise stehen. Hohlwege leiten ins erste Dorf. Im Nieselregen kommen uns zwei Mountainbi-

ker entgegen, laut lachend und scherzend. Ein ganzer Schwarm Stieglitze schaukelt auf den meterhohen Disteln. Erst kurz vor Wenns hört der Regen auf, die Anoraks trocknen ein wenig ab. Im Bus von Wenns durchs Pitztal werden sie ganz trocknen.

Den zweiten großen Höhengewinn dieses Tages müssen wir selbst bewältigen. Die Venetbahn hat uns am Morgen 1 500 Meter abgenommen, die gut 1 000 Meter zur Braunschweiger Hütte gilt es selbst zu gehen. Drei Stunden werden es sein.

Wie schon an der Kemptner und der Memminger Hütte gibt es auch hier einen Materiallift, viele Bergsteiger laden im Tal die schweren Rucksäcke ein und wandern »unbeschwert« bergwärts.

»So eine Sauerei! Nie hab ich's geglaubt, aber wenn man des sieht! Und des Hubschraubergeknatter den ganzen Tag!« Vor uns schimpft sich einer der Bergstei-

S. 28: Zartes Rosa an Freispitze und Holzgauer Wetterspitze.
S. 29: Das schmale Felstor der Seescharte überwinden wir ohne Probleme.
S. 30/31: Blau in Blau: der kleine See an der Braunschweiger Hütte, der Gletscher, der Himmel.
S. 32/33: Blickfang des vierten und fünften Tages: die Wildspitze.

ger den Unmut von der Seele. Und Recht hat er! Einen Kilometer Luftlinie entfernt wird im Sommer 2008 der umstrittene Rettungsweg fürs Skigebiet Pitztaler Gletscher gebaut: Bagger schieben eine große Straße in die Flanke, der Hubschrauber knattert pausenlos durchs Tal, hoch oben am Gletscher fährt ein Lkw über eine breite Trasse. Großbaustellenromantik im Hochgebirge. Ein Rettungsweg für ein Gletscherskigebiet, das in wenigen Jahrzehnten nur noch eine von vielen Tourismussünden sein wird. Morgen werden wir vier (!)

Oberstdorf – Meran

Skifahrer im Sommerskigebiet am Rettenbachferner zählen. Auf einem schmalen, flachen Schneestreifen inmitten von schwarzem Blankeis. Hurra! Es lebe die Welt der unbegrenzten Möglichkeiten!

Steile Grashänge windet sich der Hüttenweg hinauf, umgeht geschickt Steilstufen und gewinnt rasch an Höhe. Anstrengend ist es trotzdem, der lange Abstieg nach Wenns hat mehr Kraft gekostet als gedacht. Dort vorne leuchtet ein gelbes Schild, vielleicht sagt es ja etwas über die restliche Aufstiegszeit. »Braunschweiger Hütte 3 h« liest man dort. Noch drei Stunden, das ist die komplette Aufstiegszeit! Aber wir sind doch schon so hoch über dem Tal!

Ein paar Serpentinen weiter ist mit Farbe an den Fels gepinselt »1 Std.« Vermutlich ist mit dem neuen Hüttenweg, der die Pitztaler Großbaustelle umgeht, einfach nur das Schild aus dem Talgrund hier heraufgestellt worden, mit der falschen Zeitangabe. Und wirklich, nach der nächsten Geländekante ist das Hüttendach zu sehen.

Die Braunschweiger Hütte. 1892 errichtet, hat sie das Flair eines altehrwürdigen Alpenvereinshauses. Steinfußboden, knarzende Dielen, ein kleiner Altar in einem der Räume. Vor den Fenstern stauen sich die Wolken. Im Gastraum der überfüllten Hütte wird um die Sitzplätze gerungen, in den Lagern beginnt wildes Wäscheleinen-Spannen an den rostigen Nägeln, mit denen sich Generationen von Bergsteigern beholfen haben. Im Laufe des Abends wird sogar die Kapelle zum Notlager umfunktioniert, am Altar trocknen sechs Paar Bergschuhstrümpfe.

Fünfter Tag

Am anderen Morgen kurz nach sechs Uhr vor dem Gastraum: »Entschuldigen Sie, wo geht hier die Sonne auf?« »Für gewöhnlich im Osten«, rutscht es mir heraus. Ein paar Minuten später spielt sich eine Szene ab, die allen Klischees entspricht. Die Frauen sitzen ausnahmslos im Gastraum und frühstücken. Die Männer sind – fast ausnahmslos – in den letzten Minuten nach

draußen gestürmt. Dort geht gerade die Sonne auf. Im Osten. Die ersten Sonnenstrahlen an der Wildspitze werden zigfach in Pixel und auf Film gebannt. Immerhin ist es der erste Blick auf den berühmten Dreitausender, seit wir hier sind. Gestern hatte sich nicht ein einziges Wolkenloch aufgetan.

Kurz nach sieben muss die Braunschweiger Hütte wie ausgestorben sein, alle E5-Wanderer sind unterwegs. Die Kapelle ist wieder Kapelle.

Auf Ötzis Spuren

Die Aufstiege halten sich am heutigen fünften Tag in Grenzen. Lediglich die gut 200 Höhenmeter aufs Pitztaler Jöchl fallen an. Von einer breiten Scharte sehen wir erstmals hinüber. Ein Stückchen Versicherung sieht man zwar durch die dunkle Felswand führen, aber eigentlich scheint der Weg ins Joch ganz einfach. Und tatsächlich sind wir auch in wenigen Minuten drüben am höchsten Punkt unseres Weges: 3 023 Meter hoch. Die Wildspitze leuchtet von hier aus nochmals extra schön, auf der anderen Seite trübt das Rettenbachskigebiet die Idylle: zwei Großparkplätze, eine Tribüne, Liftanlagen, ein Bagger.

So einfach der Aufstieg, so unerwartet diffizil der Abstieg. Erst geht es kurz durch Blockwerk, dann über zwei Firnfelder – so weit, so gut. Unter dem zweiten Firnfeld spitzt jedoch dunkel das Eis hervor. Einem Bergsteiger, der gerade noch hurtig überholt hat, zieht es auch prompt die Füße weg, er saust gute zehn Meter die steile Schneefläche hinab und bremst hart in den Felsbrocken, unverletzt, aber mit zitternden Knien. Diese Gefahrenstelle können wir zwar umgehen, die Versicherungen, die den felsigen Abschnitt

S. 34: Ein neuer Tag: Aufbruch von der Braunschweiger Hütte.
S. 35: Ankommen im Bergsteigerdorf Vent.
S. 36 links: Ins Bild gerückt: der Similaun.
S. 36 rechts: Vom Similaun geht es bereits hinab zum Vernagtsee.
S 37: Am schönsten sieht man den Dreitausender vom Samoarsee aus.

erleichtern sollen, erweisen sich aber als defekt, sodass der Abstieg für die meisten ein Balancieren auf rohen Eiern wird. Endlich ist der Parkplatz im Kar erreicht, hier steht dann auch ein Schild, dass der Weg gesperrt sei und Lebensgefahr herrsche. Wie gut, dass es für diesen Abschnitt die Alternative übers Rettenbachjoch gibt, zumindest fürs nächste Mal E5.
Mit dem Bus fahren wir durch den Tunnel hinüber zum Tiefenbachferner und steigen nach kurzem Aufstieg in den schönsten Abschnitt des heutigen Tages ein, vielleicht sogar ins Highlight des E5, den Venter Höhenweg. Von knapp 2 800 Metern führt er immer auf der Südostseite des Venter Tals bis hinab nach Vent. Vier Stunden Panoramawandern stehen uns bevor. Durch Blumenwiesen, über kleine Bäche, gesäumt von den gelben Sternen des Mauerpfeffers, geht es bergauf, bergab, flach dahin. Die Zeit vergeht wie im Flug, wir können es gar nicht glauben, als wir im Weißkar stehen. Die große Karschüssel mit dem See liegt ungefähr auf der Hälfte der Wegstrecke nach Vent. Zeit für eine Pause. Zeit, um mit der Karte in der Hand auch die letzten unbekannten »Vis-à-vis-Gipfel« zu bestimmen. Am markantesten sind natürlich Gampleskogel und Latschkogel mit ihrem Gletscherbecken, der Ramolkogel, den immer noch ein kleiner nordseitiger Hängegletscher ziert, und ganz weit hinten, als Abschluss des Tals, der Similaun. Heute und morgen wird die stolze Pyramide unser Richtungsweiser sein. So

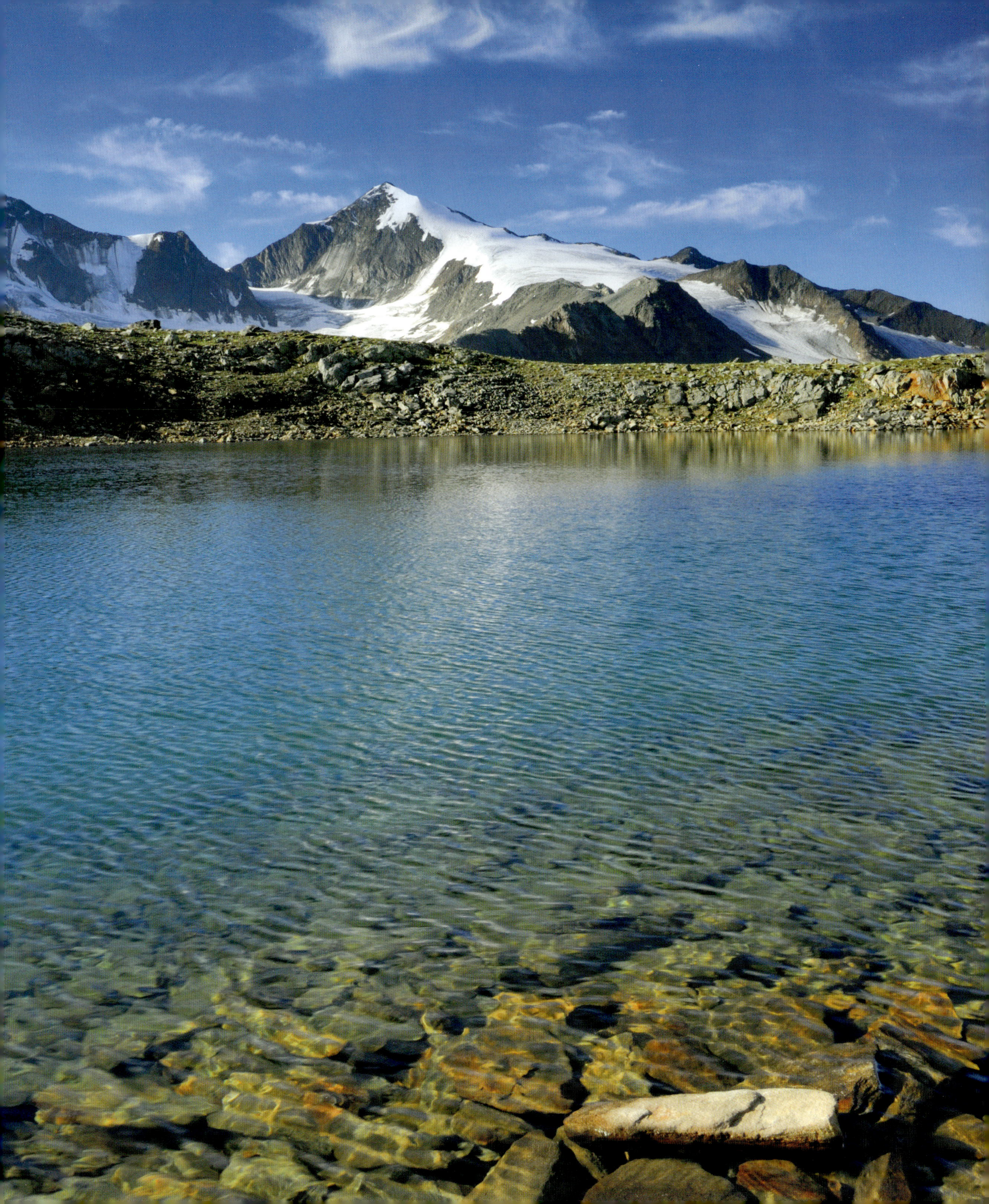

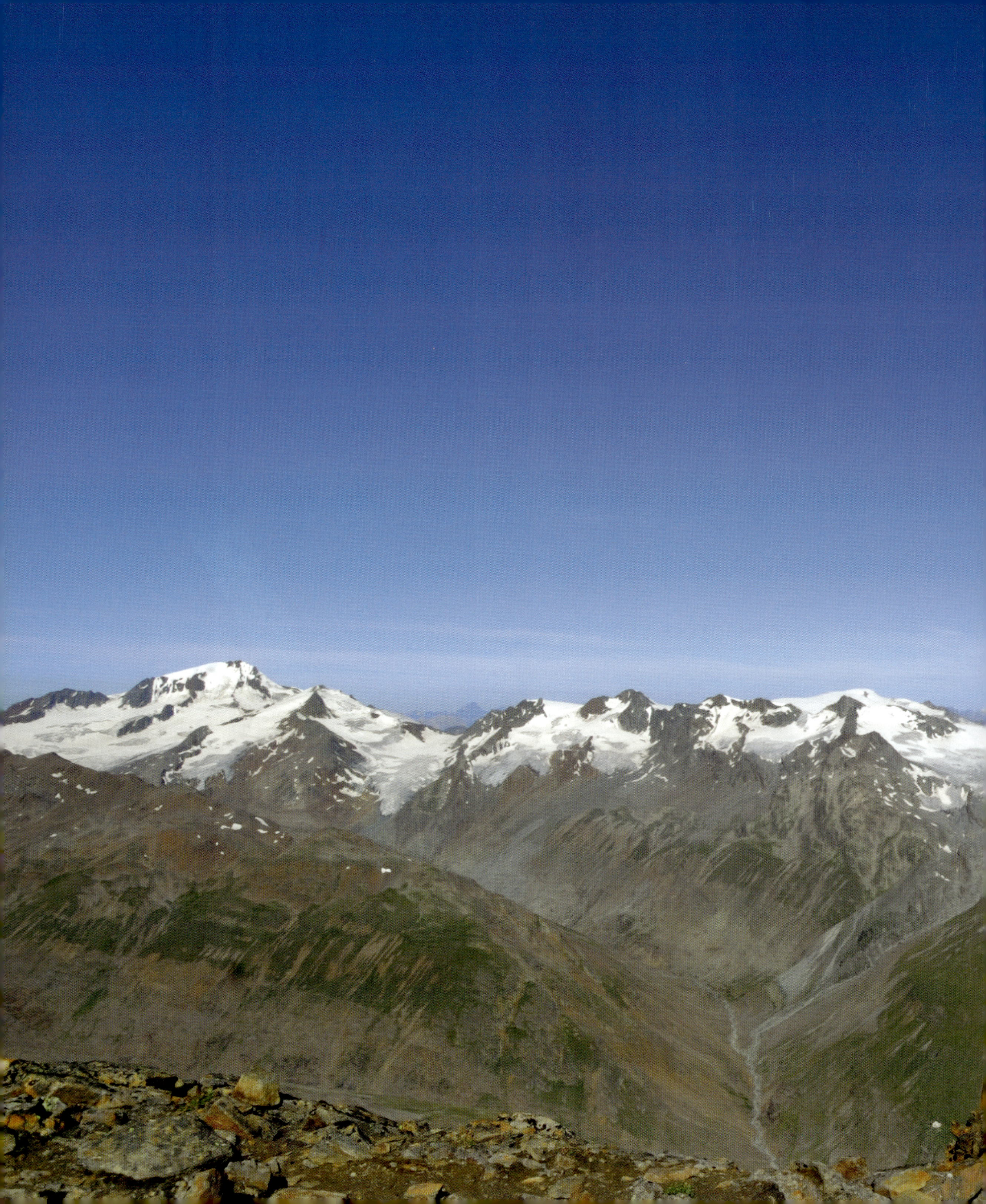

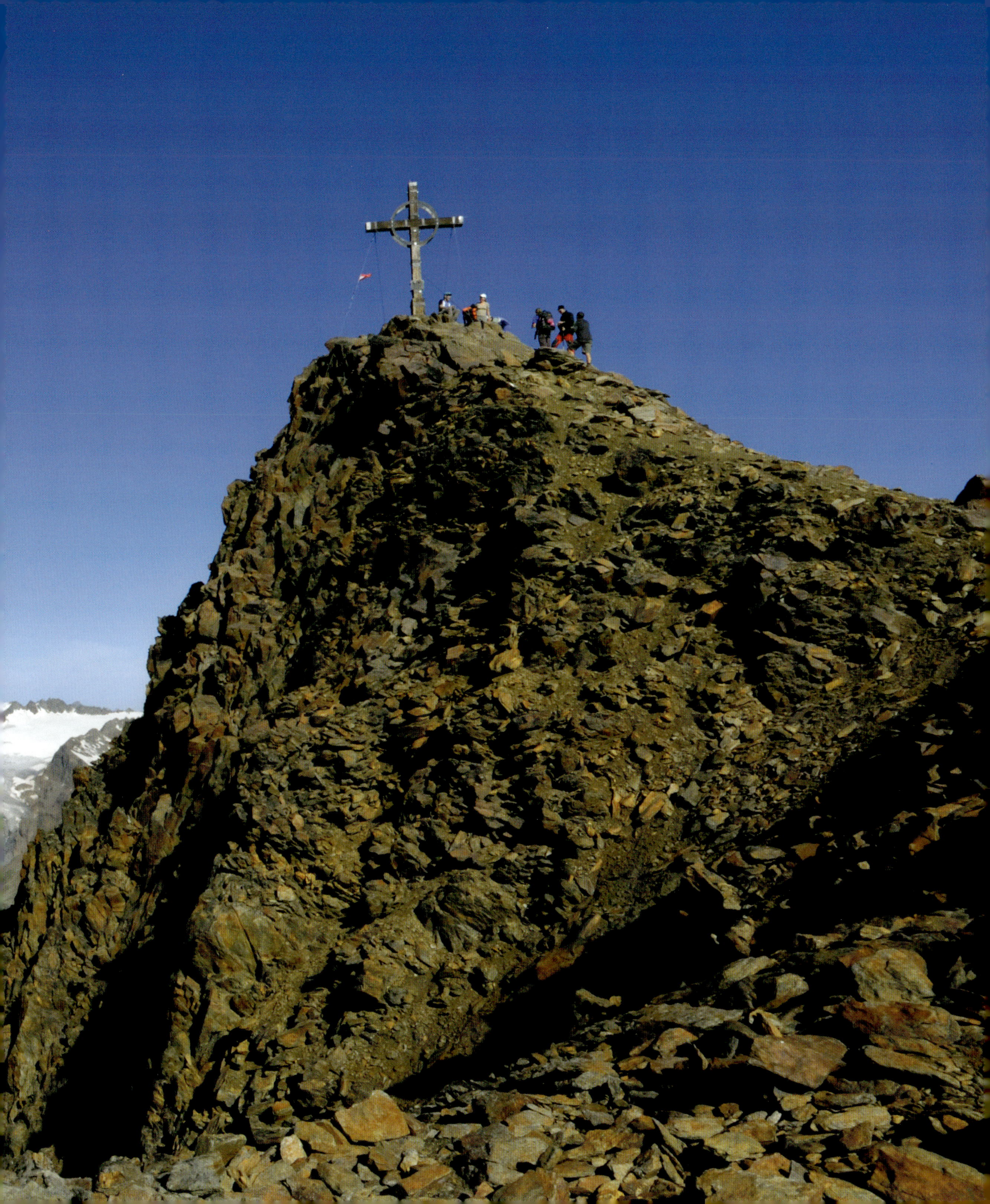

sehr man sonst auf dauerblauen Himmel hofft, für den Similaun wünscht man sich eine Kaltfront mit Schnee bis auf 2500 Meter. Die mächtige Eiswand, die einst das Aushängeschild des beliebten Dreitausenders war, ist nach den warmen Wochen nur noch schwarzer Fels mit wenigen, ebenso schwarzen Eisresten. Vorbei am orange leuchtenden Kreuzkraut, an Glockenblumen und Wollgras, an der kleinen Wucherblume und an Enzian, windet sich der Weg hinab und gelangt in die Almwiesen über Vent. Das bekannte Bergdorf ist im Talgrund schon zu sehen, auch die kühlen Getränke meint manch einer bereits zu erkennen! Auch wenn man es dem Ort nicht ansieht: Der Einfluss aus dem Süden ist vorhanden. Man geht heute davon aus, dass Vent von der Südtiroler Seite aus besiedelt wurde. Verschiedene romanische Ausdrücke haben sich im lokalen Dialekt gehalten, und auch was die Verwaltung betrifft, gehörte Vent einst nicht etwa zum Ötztal, sondern kirchlich zur Pfarre Tschars im Vinschgau und gerichtlich zu Kastellbell, der schönen Burg im Vinschgau. Selbst als man im 15. Jahrhundert den Kirchgang für die Venter erleichterte, ordnete man sie immer noch der Pfarrkirche im Dorf Unser Frau im Schnalstal zu.

Sechster Tag

Der letzte Tag bricht heute für alle »gebuchten E5-Geher« an. Sie steigen von der Similaunhütte ab nach Vernagt, nehmen dort den Bus nach Naturns im Vinschgau und fahren weiter nach Meran. Mit extragroßen, beschwingten Schritten wandern sie von

Vent zur Martin-Busch-Hütte hinauf. Das Kräftehaushalten ist für sie zu Ende, heute Abend können sie in Meran die Füße hochlegen, heiß duschen, Wehwehchen pflegen und in den Lauben zum Shoppen gehen. Sollen wir auch abbrechen? Zumal der Wetterbericht wenig Gutes verspricht …

Doch erst einmal leuchtet die Sonne, der Himmel ist blau, in der Similaunwand leuchtet wie gewünscht frischer Schnee, der in der Nacht alle Auswirkungen der Gletscherschmelze zugedeckt hat. Wer einen zusätzlichen Tag erübrigen kann, wird in der Kreuzspitze über der Martin-Busch-Hütte einen lockenden Gipfel finden. Die Aussicht ist grandios, die kleinen Seen auf der Wiesenterrasse unter dem Gipfel laden zum Verweilen ein, und die Schnalstaler Schafe freuen sich auch über einen Besuch.

An der Martin-Busch-Hütte teilt sich das Tal. Der linke Ast führt an den Similaun heran, der rechte hinauf ins Niederjoch beziehungsweise ins Hauslabjoch, zu dem man weiter oben abzweigen kann. Während der Rast an der Hütte schwirren wilde Gerüchte über den weiteren Weg umher. »Nur nicht den unteren Weg«, heißt es. »Der obere ist falsch«, weiß ein anderer. Eine Frage bei der Hüttenwirtin soll Klarheit bringen. »Links des Baches«, rät diese. Schließlich gehen wir einfach

S. 38/39: Ein lohnender Abstecher mit Blick zur Weißkugel: die Kreuzspitze über der Martin-Busch-Hütte.
S. 40/41: Das Niederjoch in Bildmitte vermittelt den einfachsten Übergang aus dem Ötztal ins Schnalstal, bewacht von Hinterer Schwärze und Similaun zur Linken, Fineilspitze und Weißkugel zur Rechten.

Oberstdorf – Meran

wie die meisten anderen auf dem markierten Weg. Der bleibt in der rechten Talseite, überquert ein paar Seitenbäche, einen davon auf einem nur schuhbreiten Balken, was sehr fotogene Akrobatikeinlagen beschert, und bringt uns zur Verzweigung Niederjoch – Hauslabjoch, in dessen Nähe Ötzi gefunden wurde. Heutzutage ist der Zugang zur Similaunhütte praktisch eisfrei, nur ein paar wenige Schritte sind es über einen flachen Gletscherrest. Dann sieht man rechts oben schon das alte Zollhäuschen, und ohne es zu merken, wechseln wir von der Tiroler auf die Südtiroler Seite. Höchstens auf der Speisekarte der Similaunhütte ist der Grenzübertritt zu merken: Minestrone und geräuchertes Lamm, und auch der Merlot schmeckt nach Süden!

Frisch gestärkt ist der Serpentinenpfad ins Tisental kein Problem mehr. Die Weganlage schlängelt sich angenehm durch die Schrofenflanke; erst viel später, als wir schon im flachen Karboden stehen und zurückschauen, wird uns schummrig, so ungangbar sieht das Gelände von unten aus. Ein kleiner roter Punkt – ein einzelner Wanderer – bewegt sich trotzdem wie auf einer unsichtbaren Schnur ganz flott durch die steile Wand und verdeutlicht, wie gut der Weg zu gehen ist. Das muss auch so sein, schließlich stellt er für Mensch und Vieh einen wichtigen Übergang dar. An die 3 000 Schafe aus dem Schnalstal werden jedes Jahr zu den Sommerweiden hinaufgetrieben und im Herbst wieder hinunter. Grün leuchtet der Vernagtsee im Tal; auf ihn geht es jetzt immer zu. Begleitet vom Bimmeln

S. 42: Ein Regenbogen über dem Pfossental.
S. 43: Die jahrhundertealten Almgebäude in der Texelgruppe sind schon für sich genommen einen Besuch wert.

der Kuhglocken und vom hellen Scheppern der Geißglöckchen.

Vernagt. Ein paar Höfe, eine Kapelle, die Bushaltestelle. Wer nicht nach Meran fährt, kann gleich etwas oberhalb im uralten Tisenhof absteigen. Ganz schwarz ist die alte Holzfassade des schönen Hofes. Hier ist es am urigsten, unten am See kommt man moderner unter, wie man es eben bevorzugt.

Unten bei der Kapelle lädt der Bus ins Etschtal inzwischen an die dreißig Alpenüberquerer ein, wir sind die Einzigen, die noch weitergehen durch die Texelgruppe.

Vom Firn zur Rebe
Siebter Tag

2 700 Meter Aufstieg, 4 000 Meter Abstieg. Das sind die Basisdaten für die vier Anschlusstage durch die Texelgruppe. Aber was sagen diese Zahlen schon aus? Der Naturpark Texelgruppe wurde 1976 eingerichtet, um die großartige Vielfalt der Berge über Meran zu schützen. Diese Vielfalt liegt einerseits im enormen Höhenunterschied zwischen den Gipfeln der Texelgruppe – das Roteck über dem Pfossental erreicht 3 337 Meter – und den Weinbergen über Meran begründet. Dadurch ergibt sich eine Fülle von Lebensräumen. Polsterpflanzen am Rande der Gletscher, Palmen, Wein und Mimosen in wenigen Kilometern Luftlinie. Auch die geologische Situation trägt zur Sonderstellung bei: Während der Großteil des Gebirges aus Altkristallin aufgebaut ist, weisen Lodner und Hohe Weiße Marmorbänder auf, und in ihrem Umfeld gedeihen kalkliebende Pflanzen. Am beeindruckendsten finden wir jedoch den nahezu perfekten Dreiklang aus wunderbaren Seen, Fernblick und der Einsamkeit der Texelgruppe.

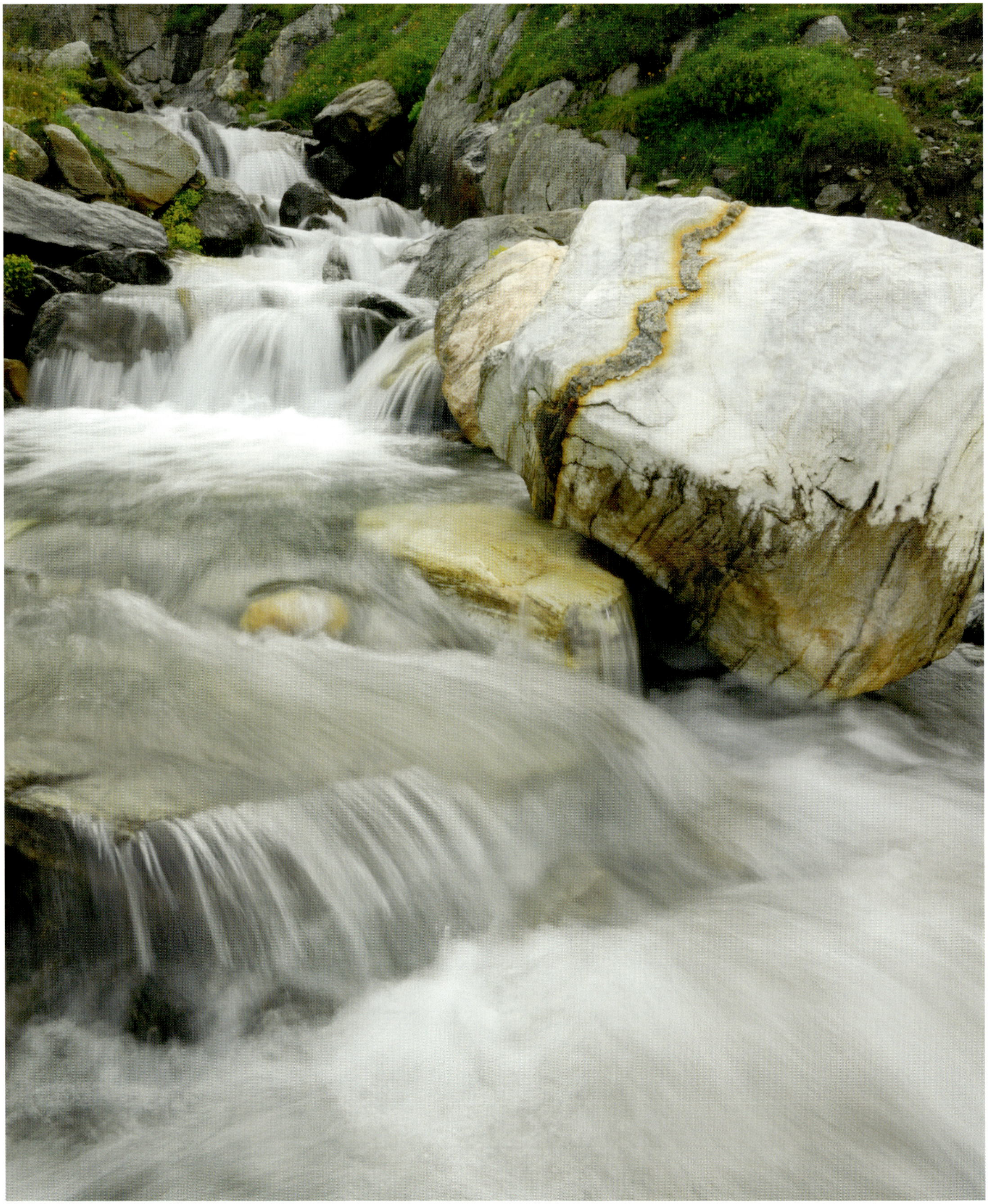

Der erste Tag schafft den Übergang aus dem Schnalstal ins Pfossental. Die Schnalstalstraße haben wir bald hinter uns gelassen, an einigen Bauernhöfen an den steilen Südhängen geht es vorbei, einer schöner gelegen als der andere. Die Spitzenlage hat jedoch eindeutig der Gfallhof. Schmetterlingswiesen wechseln sich mit lichtem Lärchenwald ab, allmählich steigt der Pfad Richtung Schröfwand und Atzboden. Dramatisch hat sich in den letzten Stunden das Wetter verschlechtert. An der baumfreien Hangkante des Atzbodens sind wir uns sicher, dass wir binnen Minuten im Platzregen baden. Unterstellen oder laufen? Die Sturmböen treiben uns vor sich her, am nördlichen Rand der Hochweide prasseln die Hagelkörner auf uns ein. Fünf Minuten später ist der Spuk vorbei, über dem Pfossental liegen sich Sonne und Regen in den Armen, eine unwirkliche Stimmung.

Ohne Eile geht es zum Grafbach hinab – nass sind wir schon. Ein Fleckchen Grafferner liegt auf der obersten Kartreppe, er kommt vom Similaun und den Marzellspitzen herab und versorgt das Tal mit einem munteren Bach. Ein Teil des Wassers wird auch abgezweigt und fließt seit Jahrhunderten schon in einem Waal, einem Bewässerungskanal, – heute in einer Rohrleitung – über den Atzboden hinab zum Gfallhof. Dem Bach folgen wir schließlich bis zur Jägerrast. Der schöne Gasthof am Ende der Straße von Karthaus ins Pfossental ist das Tagesziel.

Achter Tag

Fünf Unterkünfte gibt es im Pfossental – jede hat ihre Vorzüge. Der Gasthof Jägerrast liegt am Beginn der Wanderung, eine Stunde später können wir am

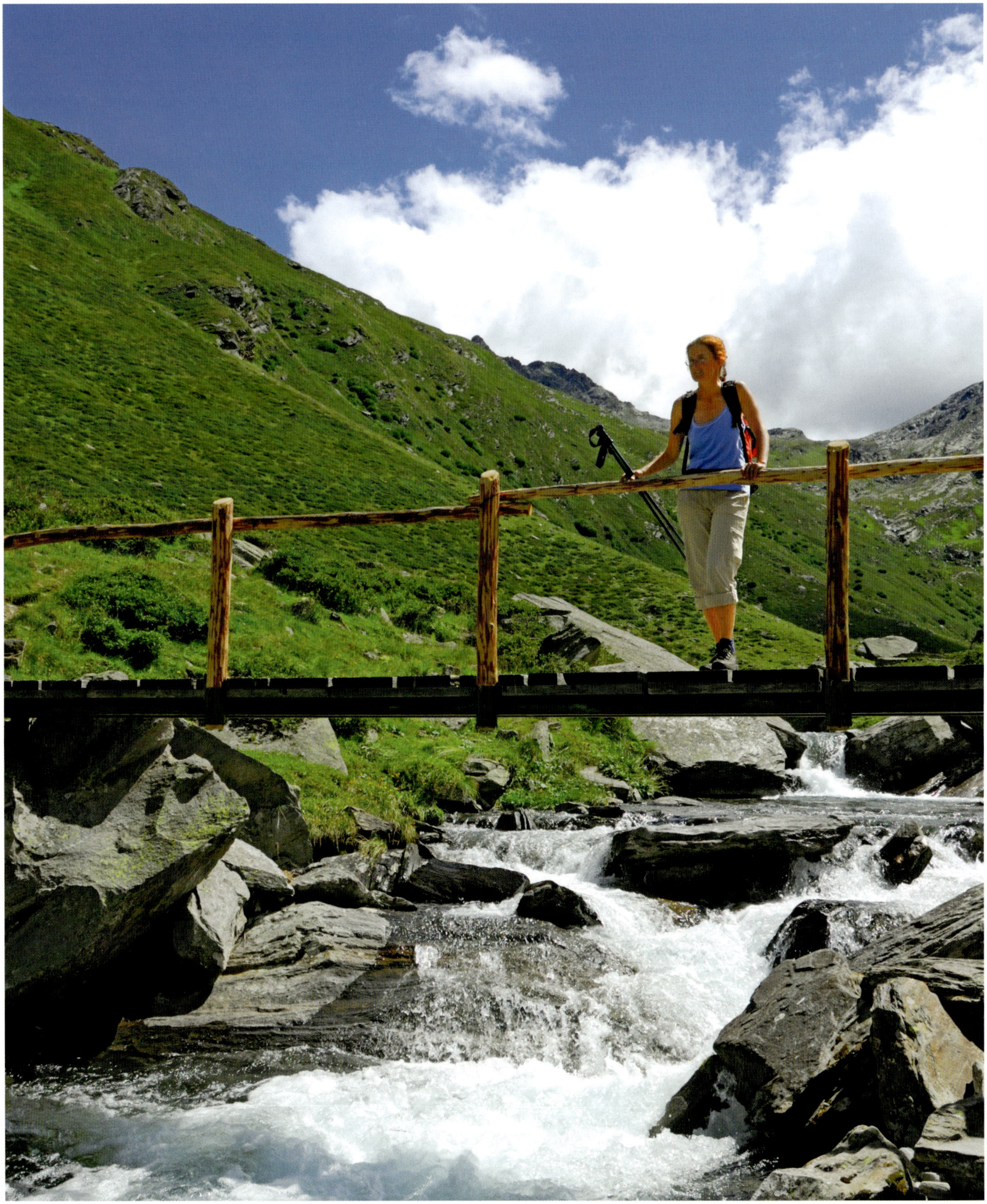

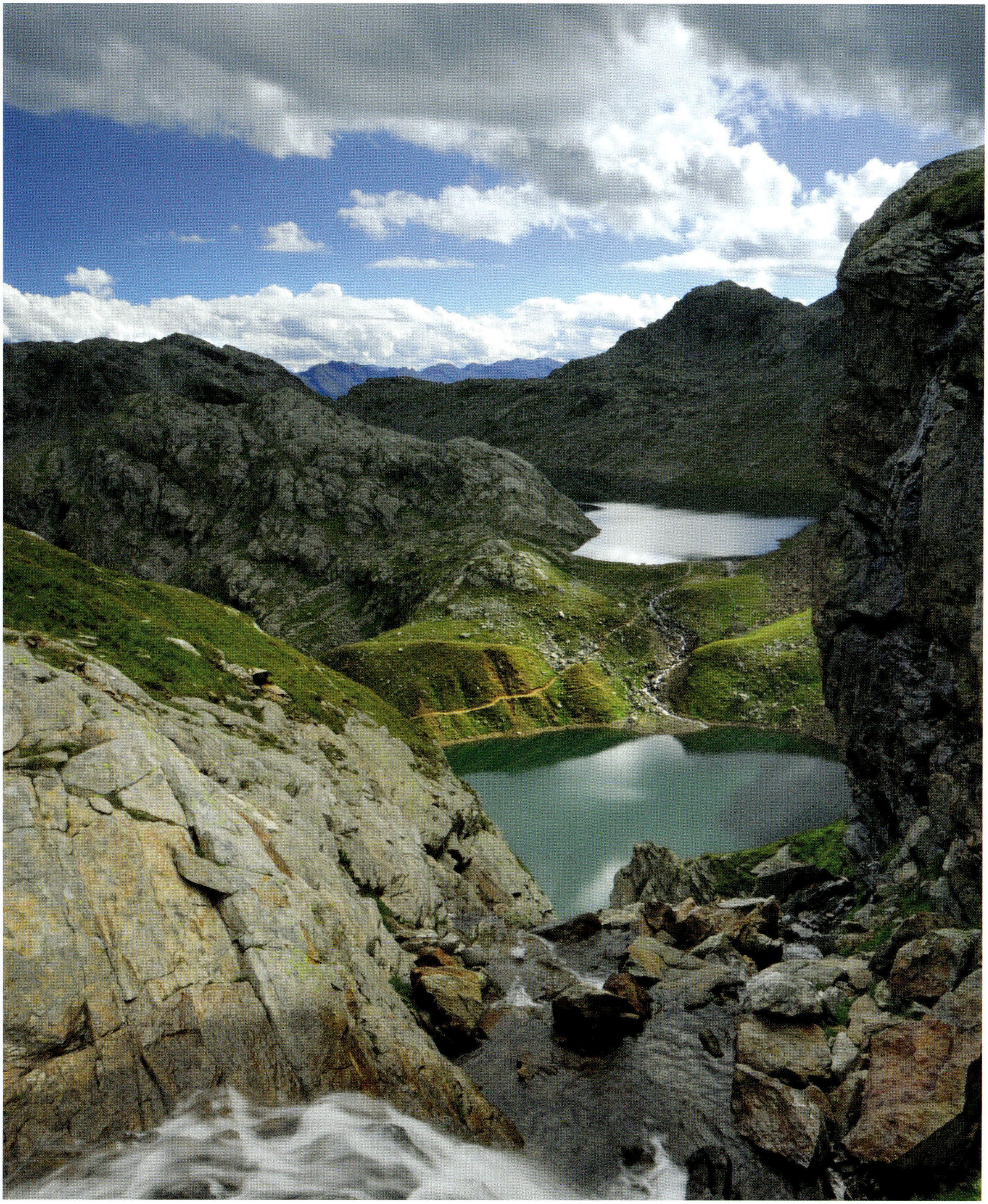

Mitterkaser übernachten, einer 800 Jahre alten Alm mit wunderbarem Blumenschmuck, oder auf der Rableidalm wenige Minuten weiter. Schon über der 2000-Meter-Marke steht auf einer großen Wiesenterrasse der Eishof. Bis hier heroben wurde früher sogar Getreide angebaut. Die Sonnenstadt Meran mit ihrem südlichen Klima lässt grüßen. Abgeschirmt von Norden durch den Höhenzug von Similaun, Hinterer Schwärze, Hoher Wilde und nach Süden offen durch das Etschtal, ist es hier einfach ungewöhnlich mild. Die fünfte und letzte Übernachtungsmöglichkeit ist die Stettiner Hütte oder Eisjöchlhütte. Sie liegt unweit des Jochs zwischen Hoher Wilde und Hoher Weiße, auf der einen Seite kommt das Pfossental herauf, von der anderen das Pfelderer Tal, ein Seitenast des Passeiertals. Doch hier kommen wir erst am achten Tag an, denn der Aufstieg von Jägerrast über den langen, langen Alpinisteig zur Stettiner Hütte wird unsere nächste Tagesetappe. Eine Ausnahme sollte man machen, wenn man vom Eisjöchl auf die Hohe Wilde steigen will, dann ist eine der höher gelegenen Unterkünfte besser geeignet, sie liefern die nötige Zeitreserve für den Gipfelaufstieg über den teils versicherten Südgrat.

Neunter Tag

Auf den neunten Tag freue ich mich besonders. Zwar muss man zuerst die vielen Serpentinen zur Lazinser Alm hinab, dann aber gewinnt der Weg durchs Lazinstal an Höhe bis zum Spronser Joch. Schöne Gumpen im Bach, die Schmetterlinge an den Disteln, der Blick auf die Marmorbänder am Lodner und der Hohen Weiße. Später das ferne Glockenbimmeln drüben auf der anderen Talseite auf der Andelsalm. Das

Lazinstal ist für mich das schönste Tal der Texelgruppe. Bald geht es über buntes Gestein hinauf. Quarzbrocken, Schiefer – allein die Felsen sind sehenswert. Am Spronser Joch auf 2581 Metern ist man auf historischem Boden: Früher wurden sogar die Toten aus dem Pfelderer Tal über das Joch hinabgetragen nach St. Peter beim Schloss Tirol. Und noch heute wandert man vom Pfelderer Tal mitten in der Nacht los, um drunten am Oberkaser zum Kirchtag zu kommen. Spronser Joch. Der letzte »Höhepunkt« der Wanderung. Fernblicke auf die Dolomiten und nach der ersten Wegecke Tiefblicke auf die Spronser Seen. Zehn Seen, zehn verschiedene Formen, zehn Farben, zehn kleine Wunder. Manche, wie der Schiefersee, sind winzig klein, der Langsee dagegen misst einen Kilometer in der Länge. Grün und hellblau, schwarz und türkis – je nach Blickwinkel und Sonneneinstrahlung präsentieren sie sich anders. Mal eingebettet in Blockwerk, mal gesäumt von Wollgras.

Zehnter Tag

Nun geht es immer am Wasser entlang. Von Terrasse zu Terrasse hinab. Über 2000 Meter Abstieg vom Spronser Joch nach Meran. Vom Firn zur Rebe. Wir teilen die Strecke auf zwei Tage auf. Die Bockerhütte wird unsere

S. 44/45: Wunderschön anzuschauen sind die gebänderten Marmorfelsen hinauf zum Eisjöchl.
S. 46: Das Lazinstal mit seinem Gebirgsbach geht es hinauf zum Spronser Joch.
S. 47: Kleinod hoch über Meran: die Spronser Seenplatte.
S. 48/49: Dem Ziel nah. Die Dolomiten vom Schlern über die Wände und Zacken von Rosengarten- und Pala- bis zur Latemargruppe.

letzte Hüttennacht. Ein letztes Sonnenfrühstück auf der Terrasse, dann immer am Finelebach entlang, der die Spronser Seenplatte entwässert.

Zwei mühevolle Stunden später – der Hüttenweg ist kopfsteingepflastert – und wir wandern durch Apfelplantagen auf Dorf Tirol zu, einst Sitz der Herrscher von Tirol, bis sie ihn 1420 nach Innsbruck verlegten. Mächtige Burganlagen säumen den Weg: Schloss Thurnstein, Schloss Tirol, Schloss Brunnenburg, Schloss Auer. Im geschäftigen Ortszentrum von Dorf Tirol kommen wir auf die Hauptstraße zurück. Eine Flut von Reizen stürmt auf uns ein. Plakate, Essensgerüche, Mofa-Geknatter. An der Eisdiele werden wir schwach. Warm genug für zwei Kugeln ist es allemal.

Ein letzter Hang, nochmals 200 Höhenmeter zur Altstadt von Meran. Sie rückt näher und näher. Eine Treppe. Kann Treppensteigen so anstrengend sein? Der Kirchturm von St. Nikolaus. Noch fünf Stufen, noch drei, zwei – ja, wir sind da! Auf dem Kirchplatz in Meran fallen wir uns in die Arme.

Die Lauben, auf der anderen Seite des Kurparks die Therme, dazwischen im breiten Bachbett die Passer. Wir bummeln. Dann schlendern wir zum Bahnhof. In der Regionalbahn nach Bozen steht mir noch eine letzte Mutprobe bevor. Ich bücke mich unauffällig und öffne die Schuhe, setze mich wieder aufrecht, blicke unbeteiligt aus dem Fenster, schlüpfe aus dem linken Schuh, aus dem rechten. Der elegante Italiener mir gegenüber hüstelt geschmerzt, erweist sich dann aber als perfekter Gentleman: Er bleibt sitzen bis Bozen, nur das Fenster öffnet er einen Spalt: »Permesso!«

S. 50: Griff nach den Gipfeln. Am Spronser Joch.
S. 51: Am Ziel. Flanieren in den Lauben der Sonnenstadt Meran.

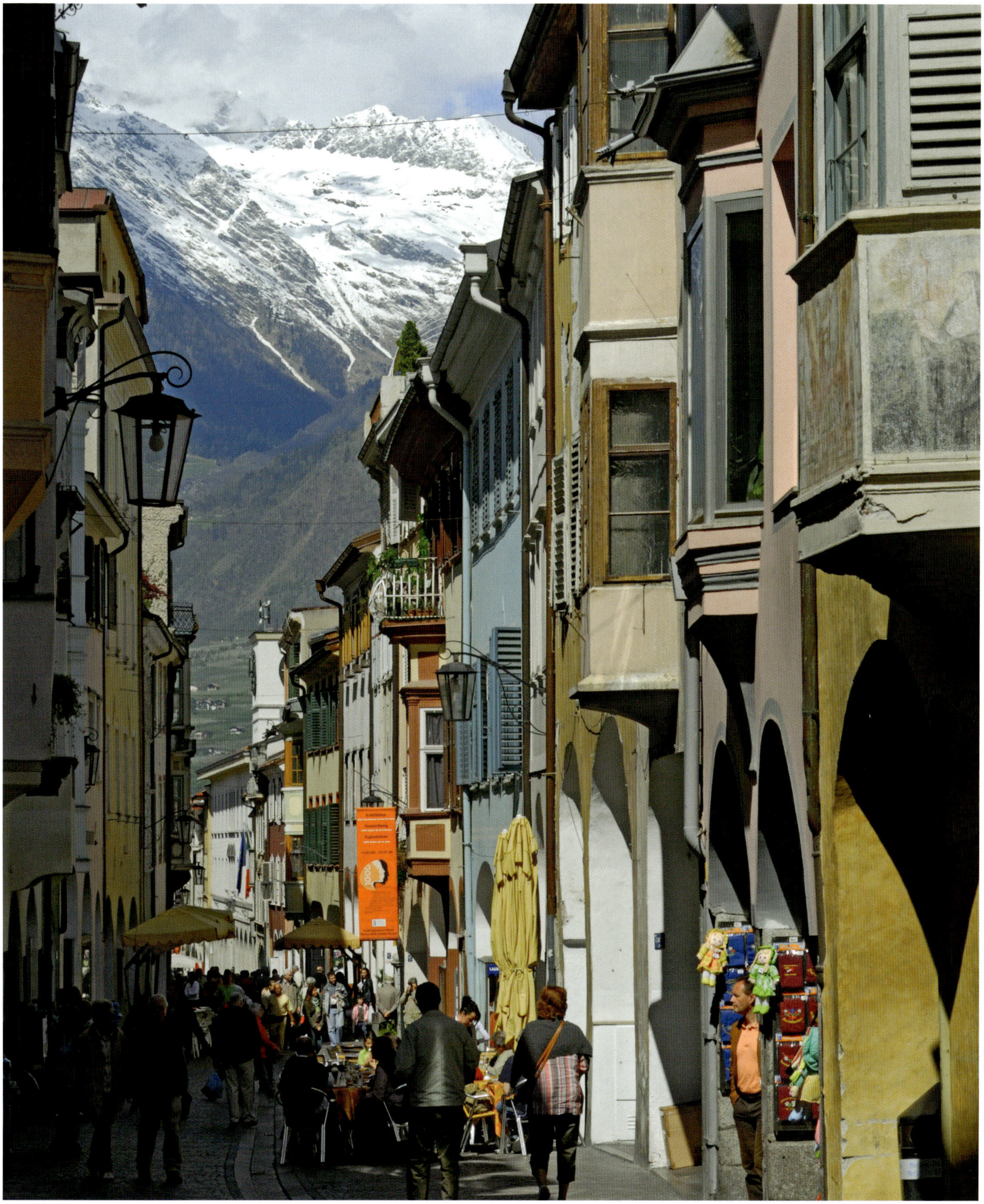

Wegbeschreibung:

Allgemeine Toureninfos:

Gesamtdauer: 6 oder 10 Tage, je nach Endpunkt Vernagt oder Meran
Schwierigkeit: Bergwanderung, Trittsicherheit nötig, zur Similaunhütte Begehung eines einfachen Gletscherrestes, nur wenige Meter, unschwierig, ohne Gletscherausrüstung; mehrmals kurze Stücke mit Drahtseilversicherung (Geländerseil)
Konditionelle Anforderung: mittel, im Durchschnitt Tagesetappen von 6 Std., maximal 8 Std.
Höhenmeter/Kilometer: 8150 Hm im Aufstieg, 11350 Hm im Abstieg, 151 km Gehstrecke, jeweils bis nach Meran
Ausgangsort: Oberstdorf, 813 m, Tourismus Oberstdorf, Prinzregentenplatz 1, 87561 Oberstdorf, Tel.: +49/(0)8322/7000, Fax: 700236, www.oberstdorf.de, Bahnverbindung von Kempten über Immenstadt
Endpunkt: Meran, 325 m, Kurverwaltung Meran, Freiheitstraße 45, 39012 Meran, Tel.: +39/(0)473/272000, Fax: 235524, www.meran.eu, Bahnverbindung nach Bozen und über den Brenner.
Beste Zeit: Ende Juni - Mitte September (Stettiner Hütte erst ab Anfang Juli geöffnet)
Karten: Landesamt für Vermessung, Allgäuer Alpen, UK L 8, 1:50000; AV-Karte 3/3 Lechtaler Alpen Parseierspitze, 1:25000; Kompass Imst, Telfs, Kühtai, Nr. 35, 1:50000; AV-Karte 30/6 Ötztaler Alpen Wildspitze und 30/1 Gurgl, 1:25000; Tabacco Naturpark Texelgruppe (Sonderausgabe), 1:25000.

1. Etappe:
Oberstdorf – Kemptner Hütte

Höhenmeter: 1030 Hm Aufstieg
Zeit: 4:20 Std.
Ausgangspunkt: Bahnhof Oberstdorf
Wegverlauf: Vom Bahnhof Oberstdorf mit dem Bus Richtung Birgsau bis zur Haltestelle Renksteg (824 m) und hier links auf der gesperrten Straße nach Spielmannsau/Christlessee (besch.). Am Christlessee (930 m, Einkehr, 1 Std.) vorbei, wieder auf die Asphaltstraße und auf der östlichen Bachseite durchs Trettachtal. Kurz vor Spielmannsau (990 m, Einkehr, ½ Std.) über den Traufbach und weiter auf schattigen Wegen zum Materiallift der Kemptner Hütte (1087 m). Hier beginnt der Fußweg, der noch kurz an der Trettach entlangführt, dann ins Sperrbachtal abzweigt. Über steiles Gelände bis zu einer Kapelle, dann auch im Sommer oft noch über Lawinenreste und an der linken steilen Flanke entlang (kurz Geländerseil), zuletzt durch schöne Blumenwiesen zur Kemptner Hütte (1844 m, 3 Std., Einkehr, Übernachtung).
Übernachtung: Kemptner Hütte, Tel.: +49/(0)8322/700152, 285 Plätze

2. Etappe:
Kemptner Hütte – Memminger Hütte

Höhenmeter: 940 m Aufstieg, 890 m Abstieg
Zeit: 5:20 Std.
Wegverlauf: Von der Kemptner Hütte steigt man zum Mädelejoch (1973 m, ½ Std.) an (besch.), dabei hält man sich an der nahen Verzweigung rechts und nach einem Aufschwung links (jeweils besch.). Vom Joch durchs Roßgumpental hinab, an der Oberen Roßgumpenalm vorbei, bis man kurz vor der Unteren Roßgumpenalm zwischen einer neuen Almstraße (rechts) und dem Fußweg (links) wählen kann. Ab der Unteren Roßgumpenalm (1350 m, Einkehr, 1 ¼ Std.) auf einer breiten Almstraße talauswärts, am Simms-Wasserfall vorbei bis Holzgau (1114 m, Einkehr, Übernachtung, 1 Std.).
Von hier üblicherweise mit Sammeltaxis durchs Lechtal zum Materiallift der Memminger Hütte im Madautal. Alternativ auch mit dem öffentlichen Bus bis Bach und auf der gesperrten Straße, am Gasthaus Hermine (1310 m, Einkehr, Übernachtung, Tel.: +43/(0)664/5339770) vorbei, ins Parseier Tal bis zum Materiallift, 11 km ab Bach.
Sogleich am Materiallift über die Brücke (1430 m) des Parseierbachs und auf dem Hüttenweg zur Memminger Hütte (2242 m, 2 ½ Std.), besch., kurze Passagen mit Geländerseil, aber unproblematisch.
Taxi: Feuerstein, Tel.: +43/(0)5633/5633
Gipfeloption: Seekogel (2412 m), beschilderter Weg ab der Memminger Hütte, ½ Std. Aufstieg
Übernachtung: Memminger Hütte, Tel.: +43/(0)5634/6208, 122 Plätze
Einkaufsmöglichkeit: Holzgau

S. 52/53: Die Etappen 1 – 5 durchs Allgäu, Lechtal und Ötztal.

3. Etappe:
Memminger Hütte – Zams

Höhenmeter: 360 Hm Aufstieg, 1830 Hm Abstieg
Zeit: 5:40 Std.
Wegverlauf: Von der Memminger Hütte weiter in südlicher Richtung, links am Unteren Seewisee vorbei und hinauf auf einen Absatz (besch.). Hier links über den Bach und steil zur Seescharte hinauf (2599 m, Weg 631, E5, 1 ¼ Std.). Der Aufstieg ist zuletzt felsig und kurz mit Seil gesichert, aber gut griffig. Jenseits auf dem E5 Richtung Zams hinab, zunächst steil, ab der Oberlochalm (1810 m, Einkehr, 1 ½ Std.) flacher. Am Lochbach entlang zur Unterlochalm (1570 m, Einkehr, 1 Std.) und schon bald auf einem in die Steilwand gehauenen Weg hoch über dem Zammer Loch talauswärts. Mit Blick auf Landeck und auf Zams zuletzt hinab ins Inntal. Hier nördlich der Autobahn rechts auf einem Fußweg Richtung Zams, links über die Autobahn und bei einer Kapelle links in den Ort. Über die Innbrücke ins Zentrum von Zams (767 m, 2 Std.).
Übernachtung: in Zams, elektron. Zimmernachweis bei der Tourist Information nördlich der Kirche
Einkaufsmöglichkeit: Zams

4. Etappe:
Zams – Braunschweiger Hütte

Höhenmeter: 1300 Hm Aufstieg, 1 530 Hm Abstieg
Zeit: 7:50 Std.
Wegverlauf: In Zams zur Talstation der Venetbahn am südöstlichen Ortsrand und hinauf zur Bergstation (1. Bahn 8 Uhr, dann halbstündlich bis 12 und 13 - 17 Uhr) am Krahberg (2208 m). Immer am Rücken entlang zur Glanderspitze/Venet (2512 m, 1 Std., besch.) und weiter am Grat über das Wannejöchl hinweg zur Verzweigung, an der man rechts absteigt zur Galflunalm (1961 m, Einkehr und Übernachtung) und von hier auf der Almstraße zur Larcheralm (1814 m, Einkehr und Übernachtung, 1 ¾ Std.), immer beschildert E5. Sogleich nach der Alm rechts über die Wiese und durch Wald hinab (schwach markiert, E5). Immer der Fußwegmarkierung folgend über Larchach (1311 m) und nun auf der Asphaltstraße hinab nach Wenns (982 m, 1 ½ Std., besch.). Hier auf der Hauptstraße links zur Bushaltestelle für die Fahrt durchs Pitztal (stündlich).
Von der Bushaltestelle Mittelberg (1760 m) auf der breiten Straße über das Gletscherstüberl (1915 m, Einkehr) und den Materiallift (1900 m, ¾ Std.) Richtung Braunschweiger Hütte (besch.). Durch teils steiles Wiesengelände über den „Kamin" und die „Karlesrinne" (1918 m) auf schmalem Weg zur Hütte (2759 m, Einkehr, Übernachtung, teils Geländerseil, gestuft, gut gangbar, 2 ½ Std.).
Übernachtung: Galflun-Hütte, Tel.: +43/(0)664/6104328, 26 Plätze; Larcheralm, Tel.: +43/(0)664/5100990, 15 Plätze; Braunschweiger Hütte, Tel.: +43/(0)5413/87535 oder +43/(0)664/5353722, 125 Plätze
Einkaufsmöglichkeit: Wenns

5. Etappe:
Braunschweiger Hütte – Vent

Höhenmeter: 330 Hm Aufstieg, 1340 Hm Abstieg
Zeit: 5:20 Std.
Wegverlauf: Von der Braunschweiger Hütte in östlicher Richtung über Blockwerk zunächst flach dahin, dann in einigen Serpentinen ins Rettenbachjoch (2988 m, besch., ¾ Std.). Dieser Weg ist deutlich leichter als die Originalroute über das Pitztaler Jöchl, die wegen der seit 2007 beschädigten Steiganlage von der Rettenbachseite sogar gesperrt ist. Am Rettenbachjoch links an der Liftstation vorbei und über Blockwerk auf einem Weg hinab, an einer Stelle kurz über Firn. Schließlich auf einem deutlichen Pfad hinab zur Bushaltestelle bei der Station der Gletscherbahn (2650 m, ¾ Std.) und mit dem Bus durch den Tunnel zur Tiefenbachbahn (2795 m; Bus 8:07 - 11:37 halbstündlich).
Zum südlichen Ende des Parkplatzes, nach rechts auf den Panoramaweg (besch.) und über das Weiße Kar (2656 m) immer aussichtsreich bis Vent (1896 m, 4 Std.).
Übernachtung: in Vent, Tourismusbüro Vent, Tel.: +43/(0)57200/260, www.vent.at
Einkaufsmöglichkeit: Vent

6. Etappe:
Vent – Vernagt

Höhenmeter: 1120 Hm Aufstieg, 1330 Hm Abstieg
Zeit: 8 Std.
Wegverlauf: In Vent über die Brücke und vom oberen Dorf auf dem breiten Hüttenweg durchs Niedertal zur Martin-Busch-Hütte aufsteigen (2501 m, Einkehr, Übernachtung, besch., 3 Std.). An der Martin-Busch-Hütte geht es in südwestlicher Richtung durchs Niederjochtal zur Similaunhütte, man hält sich immer auf dem (neuen) markierten Hüttenweg. Über die Verzweigung Hauslabjoch – Similaunhütte (links) kommt man auf einem kurzen, flachen Gletscherrest unschwierig ins Niederjoch mit der Similaunhütte (3019 m, Einkehr, Übernachtung, 1 ¾ Std.). Von der Similaunhütte anfangs auf einem Serpentinenweg, dann durchs flache Gelände ins Tisental hinunter bis zum

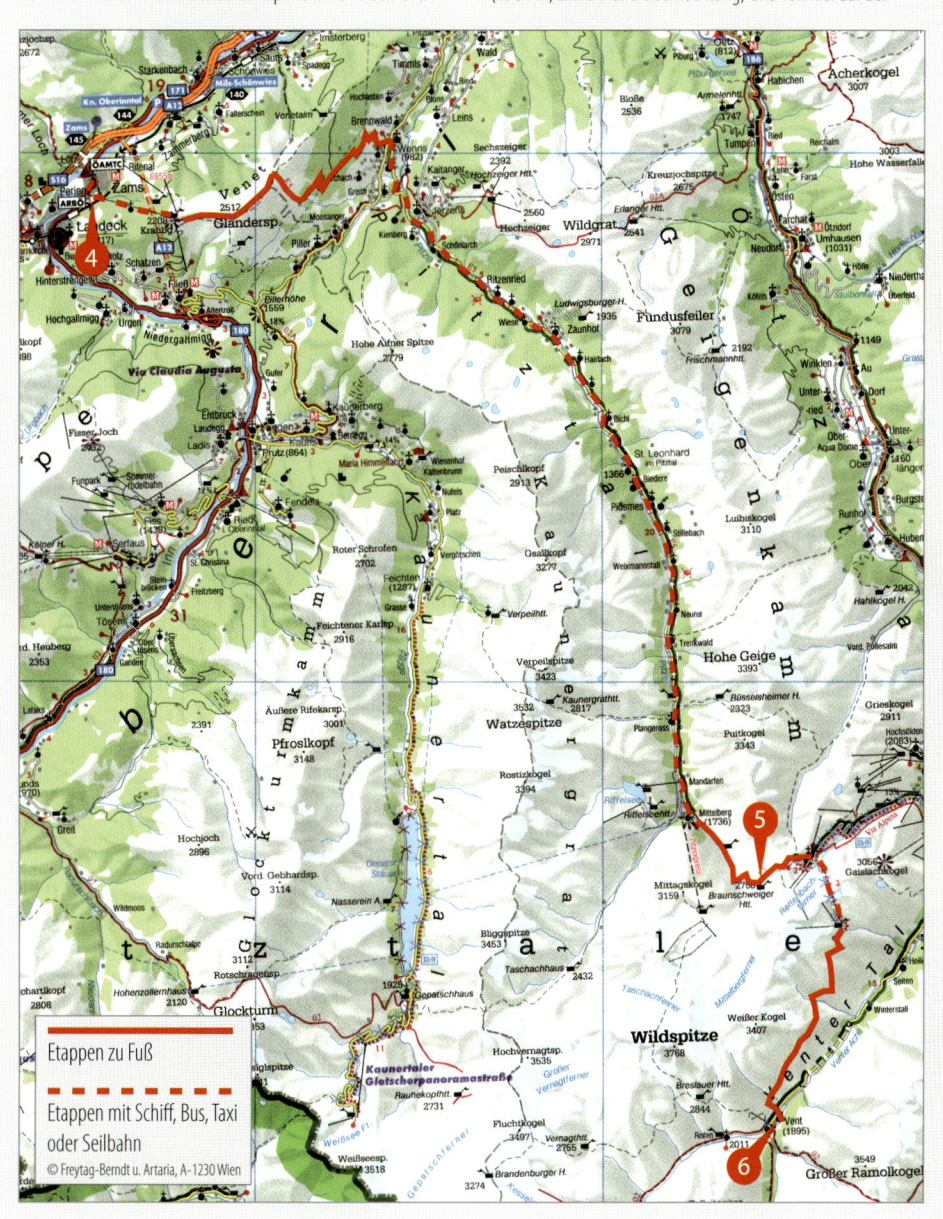

Tisenhof, etwas oberhalb des Vernagt-Stausees (1814 m, besch., Weg A2, oben einmal Geländerseil). Vom Tisenhof auf der Straße oder auf dem Fußweg hinab zur Kirche (1690 m, 3 ¼ Std.), hier befindet sich auch die Bushaltestelle für die Fahrt nach Naturns/Meran (7:47, 8:47, 10:47, 13:54, 14:47, 16:47, 17:47, 18:47).
Gipfeloption: Kreuzspitze (3457 m), 3 Std. Aufstieg ab Martin-Busch-Hütte, beschilderter Weg, einfach
Übernachtung: Martin-Busch-Hütte, Tel.: +43/(0)5254/8130 im Tal, 112 Plätze; Similaunhütte, Tel.: +39/(0)473/669711 und +43/(0)676/5074502, 70 Plätze; Tisenhof, Tel.: +39/(0)473/669674

7. Etappe:
Vernagt – Jägerrast im Pfossental

Höhenmeter: 1120 Hm Aufstieg, 1140 Hm Abstieg
Zeit: 7 Std.
Wegverlauf: Von der Staumauer des Vernagtsees zwei Serpentinen hinab (teils Fußweg), bis man bei der nächsten Kehre (1600 m, ½ Std., besch. „4. Kehre") nach links (unbesch.) zum Gfallhof abzweigen kann. Nun in wechselnder Steilheit zum Gfallhof (1835 m, Weg 18, 1 Std.). Hier steil links hinauf, bis man nach rechts auf einen Querweg einbiegen kann (jeweils Weg 18A). Teils steiler, teils mäßig steil bergauf bis ins waldfreie Gelände und nach einer Hangkante zu einer Almhütte. Über welliges Almgelände (Weg 27) in östlicher Richtung, bis der Weg über eine Steinmauer führt (ca. 2420 m, 3 Std.) und in Serpentinen ins Grafbachtal hinunterleitet. Im Talgrund über die Brücke und auf der linken Bachseite an der Grafalm (1960 m) vorbei bis nach Vorderkaser (Weg 27). Hier zum Gasthaus Jägerrast (1676 m, Einkehr, Übernachtung, 1 ¾ Std.).
Übernachtung: Gasthof Jägerrast, Tel.: +39/(0)473/679230

8. Etappe:
Jägerrast – Stettiner Hütte

Höhenmeter: 1220 Hm Aufstieg, 20 Hm Abstieg
Zeit: 6:40 Std.
Wegverlauf: Vom Gasthaus auf der Almstraße (besch., Weg 24) durchs Pfossental hinauf zum Mitterkaser (1954 m, Einkehr, Übernachtung), zur Rableidalm (2004 m, Einkehr, Übernachtung) und zum Eishof (2069 m, Einkehr, Übernachtung, 2 Std.). Von hier in vielen flachen Serpentinen auf einem Reitweg hinauf zur Stettiner Hütte (2875 m, Einkehr, Übernachtung, 4 ½ Std.) am Eisjöchl.
Übernachtung: Mitterkaser, Tel.: +39/(0)473/668131, 16 Plätze; Rableidalm, Tel.: +39/(0)473/667229 und +39/(0)335/366766, 25 Plätze; Eishof, Tel.: +39/(0)473/229947 und +39/(0)335/6543300; Stettiner Hütte, Tel.: +39/(0)473/646789, 110 Plätze, geöffnet Anfang Juli - Mitte September

9. Etappe:
Stettiner Hütte – Bockerhütte

Höhenmeter: 720 Hm Aufstieg, 1880 Hm Abstieg
Zeit: 7:30 Std.
Wegverlauf: Von der Stettiner Hütte auf flachem Weg hinab zur Lazinser Alm (1882 m, besch., Weg 24 u. 8, Einkehr, 2 ½ Std.). Hier zweigt rechts das Lazinstal ab, durch das man aufsteigt bis zum Spronser Joch (2581 m), dazu bis zur Bockhütte (2000 m, 1 Std.) auf der rechten Bachseite, ab hier auf der linken Talseite und über die verfallene Zil Schafhütte (2261 m) hinauf (besch., Weg 42, zuletzt Weg 6, 2 Std. ab Bockhütte).
Vom Spronser Joch hinab und am Schiefersee vorbei zum Grünsee (2338 m). Hier an einer Verzweigung links hinab zum Oberkaser (2117 m, Einkehr, Übernachtung) und auf einem Steinplattenweg (Nr. 6) zur Bockerhütte (1717 m, Einkehr, Übernachtung, 2 ¼ Std.).
Übernachtung: Oberkaser, Tel. +39/(0)473 923488; Bockerhütte, Tel.: +39/(0)473/945544, ca. 40 Plätze

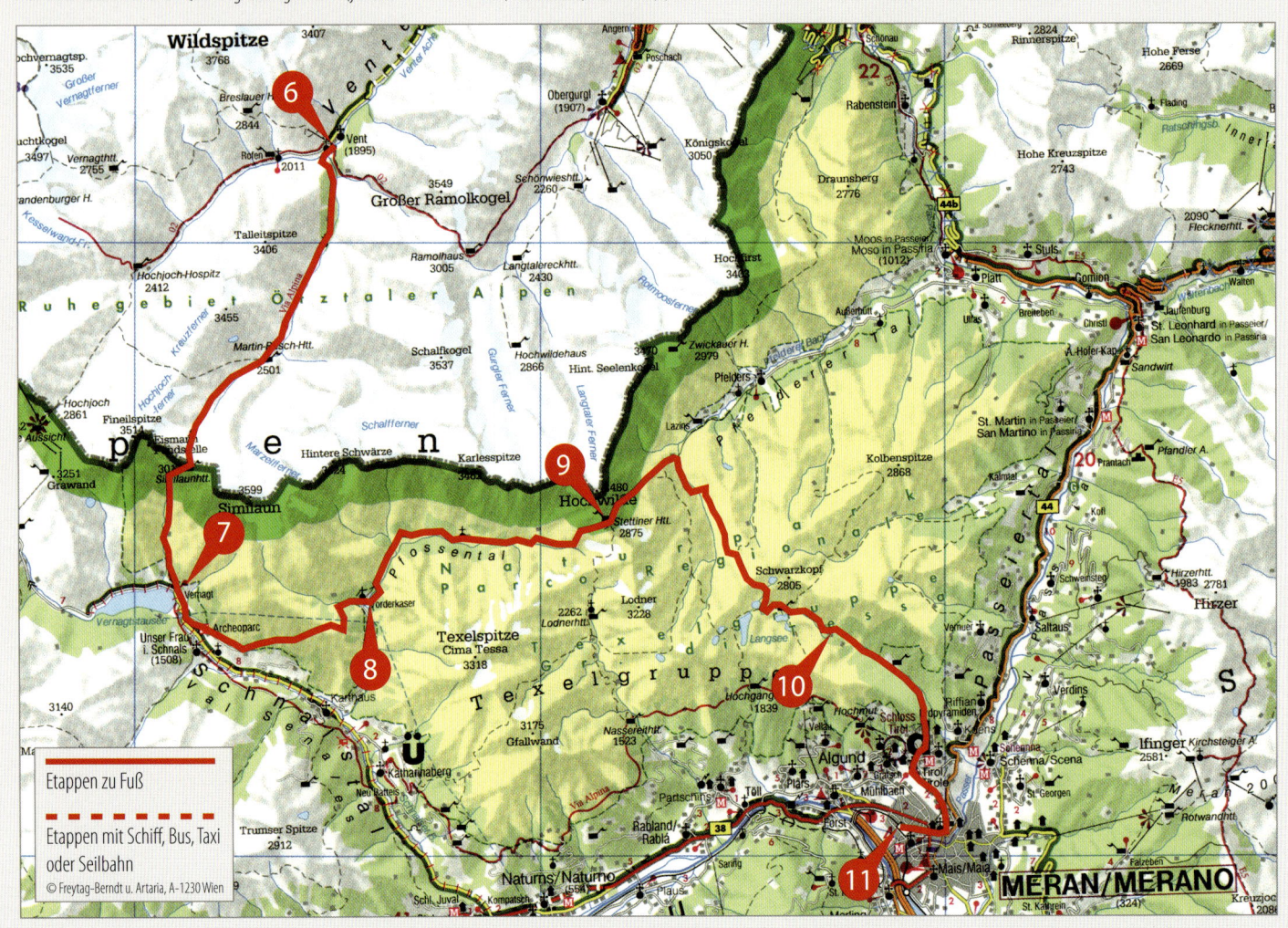

10. Etappe:
Bockerhütte – Meran

Höhenmeter: 1390 Hm Abstieg
Zeit: 4:20 Std.
Wegverlauf: Von der Bockerhütte auf dem steinigen Hüttenweg hinunter zum Tiroler Kreuz (806 m, Einkehr, Bushaltestelle, 2 ½ Std.). Auf der Asphaltstraße hinab Richtung Dorf Tirol (Weg 9A), bis noch vor der Talstation der Hochmutbahn links der Fußweg Richtung Dorf Tirol abzweigt (besch., später „Apfelweg"). Kurz vor der Kirche von Dorf Tirol gelangt man auf die Hauptstraße und folgt nun dem Weg Nr. 6 Richtung Meran. Nach dem Hotel Taubenhof nach rechts Richtung Tappeinerweg und hinunter nach Meran, dazu bei den Saxifraga-Stuben rechts die Treppen hinab direkt zur Kirche St. Nikolaus im Zentrum (325 m, 2 Std.). In westlicher Richtung durch die Lauben und gerade weiter zum nahen Bahnhof.

S. 54: In fünf Tagen durch die südlichen Ötztaler Alpen nach Meran.
S. 55 oben: Der Anfang des E5 auf der Kemptner Hütte: 300 Paar Schuhe stehen einträchtig in den Regalen und warten auf den großen Abstieg ins Lechtal.
S. 55 unten: Nach zehn Tagen können die Bergschuhe auslüften: Im Kurpark von Meran.

Oberstdorf – Meran

Traumstunden an der Bremer Hütte: Nebelmeer im Oberbergtal, blauer Himmel über den Bergen.

Wohin du auch gehst, geh mit deinem ganzen Herzen.
Konfuzius

Von Garmisch nach Brixen – die härteste Transalp

Neu ist der Gedanke, in den sonnigen Süden zu reisen, nicht mehr, seit Goethe sich 1786 auf den Weg machte, um von München aus über den Gardasee nach Venedig und weiter nach Rom zu gelangen. Kutschen verkehren längst nicht mehr über den Brenner, doch der Reiseroute des berühmtesten Italienreisenden begegnen wir zwischen Brenner und dem Ziel sehr wohl. Wir haben jedoch den Vorteil, dass wir das Tempo selbst bestimmen können.

Die Transalp von Garmisch in die alte Bischofsstadt Brixen führt gleich zu Beginn hoch hinauf: Deutschlands höchster Gipfel, die Zugspitze, ist der Ausgangspunkt für die Tour – und sogleich der höchste Punkt, der erreicht wird. Unglaubliche Fernblicke sind daher noch vor dem ersten Schritt fast garantiert.

Doch die scheinbare Mühelosigkeit des Beginns täuscht! Zwar wird die 3 000-Meter-Linie nie überschritten, dennoch ist diese Strecke die anstrengendste und anspruchsvollste der vorgestellten Routen. Zum Ausgleich für knappe 10 000 Aufstiegs- und 12 000 Abstiegsmeter wartet der Weg mit imposanten Landschaftseindrücken auf.

Dass allein die Olympiastadt Garmisch und die Zugspitze eine eigene Reise wert sind, muss kaum erwähnt werden. Über die Mieminger Kette mit dem malerischen Seebensee und der schön gelegenen Coburger Hütte geht es ins Inntal hinunter, etwas westlich der Goetheschen Mittenwald-Scharnitz-Verbindung.

Das Herzstück der Route Garmisch – Brixen führt durch die Stubaier Alpen. Der Weg durchquert sie von Nordwesten nach Südosten. Ein wunderbares Auf und Ab durch einsame Täler, entlang an wilden Wassern, unter den Gletscherflächen des Hauptkamms hindurch, vorbei an den schönsten Bergseen. Einfache Dreitausender entlang der Strecke ergeben noch bessere Panoramablicke – sofern das überhaupt noch möglich ist. Ein Netz an Hütten, darunter so renommierte wie die Franz-Senn-Hütte oder die Sulzenauhütte, erlaubt es uns, wieder Kräfte zu tanken für den nächsten Wegabschnitt oder den nächsten Tag. So geht es an Lüsener Fernerkogel und Zuckerhütl, an Ruderhofspitze und Habicht vorbei, bis man an den mächtigen Felskolossen der Tribulaune auf die Südtiroler Seite wechselt.

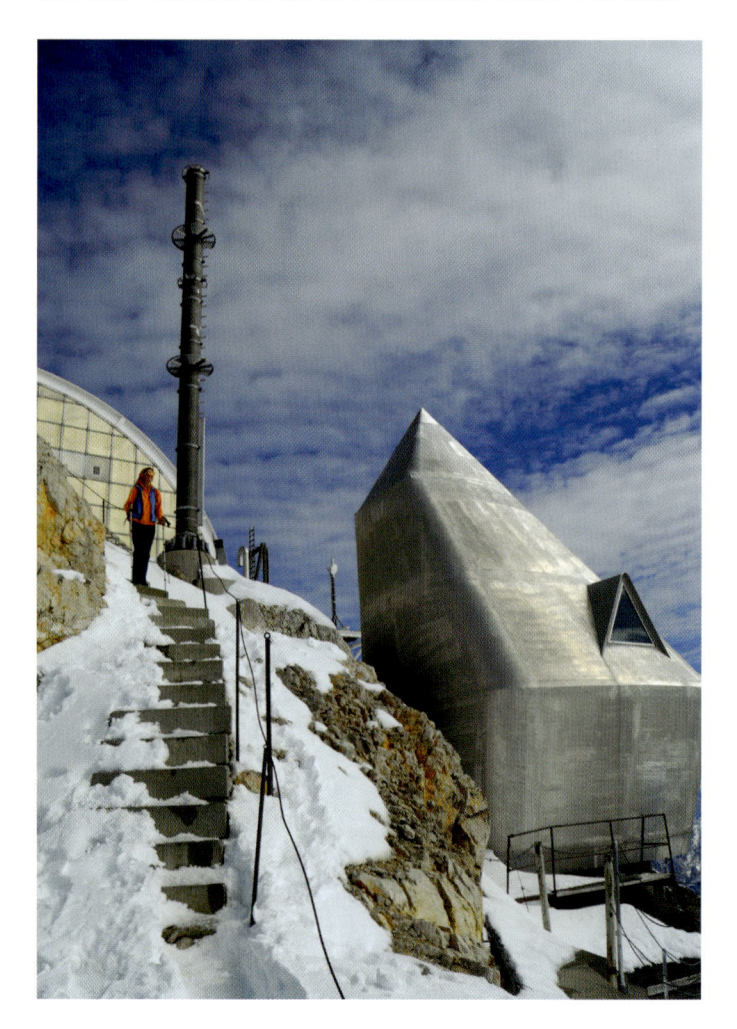

Garmisch – Brixen 59

Nach Sterzing hinab begegnen wir Goethe – im Geist – und verlassen das Eisacktal sogleich wieder, um die letzten beiden Tage durch die einsamen Sarntaler Berge zu wandern. Eine ruhige Gegend, die immer wieder durch wunderbare Dolomitenblicke überrascht. Der Abschlusstag ist einem wahren Panoramaweg vorbehalten, bevor der Weg hinunterleitet über das schmucke Dorf Tils und die romanische Wallfahrtskirche St. Cyrill bis nach Brixen.

Diese Transalp zehrt zweifellos an den Kräften, doch sie gibt umso mehr: viel Stille, großartige Berglandschaften, schöne Hütten mit leckeren Schmankerln, die nach einem langen Tag sowieso noch besser schmecken, Fernblicke, die in Erinnerung bleiben, und zuletzt mit Brixen eine Stadt mit langer Tradition.

S. 58: Futuristisch wirkt die Zugspitze am Gipfel . . .
S. 59: . . . klassisch schön vom Seebensee.
S. 60/61: Mitte August. Der Weg über das Zugspitzplatt hinab zum Gatterl, der niedrigsten Scharte links im Bild, präsentiert sich winterlich.

Südlich des Weißwurstäquators – durch das Wettersteingebirge und die Mieminger Alpen
Erster Tag

Venedig sehen und sterben, hieß es einst, um die Schönheit dieser Stadt zu loben. Auf der Zugspitze stehen und faulenzen, könnte man für die Transalp Garmisch – Brixen sagen. Denn auf Deutschlands Fastdreitausender ist auch der höchste Punkt der Tour erreicht. Gleich am ersten Tag und mühelos. Mit der Zahnradbahn von Garmisch zum Sonnalpin am Zugspitzplatt und von da mit der Gondel bis über die Wolken. Wenn man die Treppenstufen hinauf zur großen Sonnenterrasse am Münchner Haus nicht rechnet und die paar Schritte über die Leiter hinüber zum Gipfel, dann hat man sich noch gar nicht anstrengen müssen und trotzdem den Höhepunkt der Zehn-Tages-Tour geschafft. Sag noch einer, Wandern sei anstrengend! Gipfelschau von der Zugspitze. Da zieht nach Osten der berühmte Jubiläumsgrat Richtung Alpspitze hinüber, da gleißt der Höllentalferner herauf. Gute 2 000 Höhenmeter weiter unten wirken die Häuser von Garmisch wie Spielzeug. Dann das Alpenvorland, bretteben sieht es aus der Vogelperspektive aus, es verliert sich nach Norden in milchigem Dunst. Mit besonderem Interesse betrachten wir die südliche Kette des Wettersteins mit ihren Graten und Zacken und die Mieminger Kette direkt dahinter. Nach dem Schlechtwettereinbruch der letzten Tage sind die Gipfel weiß. Über 2 500 Meter feiert der Winter sein Debüt.

Ganz klein kann man sogar die Stubaier Alpen erkennen. Sieht das weit aus! Jetzt, wo der höchste Punkt geschafft ist, könnten wir gemütlich wieder hinunterfahren und zehn Tage in Garmisch und Umgebung faulenzen …

Vor dem Faulenzen sollte man sich stärken. Wenn die Einkehr Münchner Haus heißt und die Uhr noch frühen Vormittag zeigt, liegt nichts näher als ein Weißwurstfrühstück. Zwei Münchner Weißwürst mit Senf, zwei Brezen und aus Rücksicht auf das Bevorstehende ein (!) Bier.

Nach dieser Brotzeit rollen wir praktisch im Spargang über den verschneiten Steig hinab zum Platt und über das riesige grau-weiße Plateau an der Knorrhütte vorbei zum Gatterl. Die ersten 1 000 Höhenmeter, sie vergehen wie im Flug. Von einer Faulenzerwoche wollen wir nichts mehr wissen – so wenig wie einst die Venediggäste vom Sterben.

Hinter dem Feldernjöchl sieht man dann den weiteren Weg erstmals genauer ein: 500 Meter tiefer trennt das Gaistal Wetterstein und Mieminger Kette, die Ehrwalder Alm liegt rechts drunten auf dem ersten Wiesenabsatz über dem Ehrwalder Talkessel. Markant ragt die Sonnenspitze auf, sie bildet den Abschluss der Mieminger Alpen. Nur den schönen Seebensee können wir noch nicht sehen.

Als wir den Seebensee erreichen, ist der letzte Rest des Biers verflogen. Gut so, denn nach dem Forststraßenabschnitt zwischen der Hochfeldernalm und der Seebenalm saugt man die Bilderbuchlandschaft am Seebensee umso gieriger und wacher ein. Kann ein Gebirgssee schöner sein? Blaugrün liegt er unter der

Sonnenspitze, die Zugspitze steht auf der anderen Seite. Wir sehen sie von ihrer Südwestseite – welch imposanter Felskoloss!

Beeindruckend sind auch die Wassertemperaturen des Seebensees. Er erscheint uns noch kälter als die Farbe es vermuten ließ. Mehr als ein Fußbad bringt keiner zustande. Schon zwei Füße gleichzeitig im Eiswasser kommen einer Mutprobe gleich. Es ist eben doch schon Herbst.

Zur Coburger Hütte ist es nun nicht mehr weit. Man sieht sie auf ihrem Thron oben auf dem Hangabsatz. Was man noch nicht einschätzen kann, ist ihre schöne Lage. In dem kleinen Karkessel im Süden der Alpenvereinshütte liegt nämlich der Drachensee, und nochmals dahinter befindet sich ein kleiner Drache.

Eine Schafherde verabschiedet uns vom Seebensee mit einem vielstimmigen Kanon. Der Text ist etwas eintönig. Uns scheint, sie haben nur den Refrain gelernt. Aber immerhin: Melodie und Tonlage sind unglaublich vielfältig. So ein Schafs-a-cappella-Chor auf CD wäre wirklich noch eine Marktlücke.

Zweiter Tag

Leider ist es uns nicht gelungen, den Drachen vom Drachensee aufzuwecken. Ein feuerspeiendes und flügelschlagendes Ungeheuer vor den Silhouetten von Drachenkopf und Sonnenspitze wäre doch ein schönes Fotomotiv gewesen. Meine Träume in den frühen Morgenstunden im Matratzenlager der Coburger Hütte kommen eben ohne Drachen aus.

S. 62: Der Seebensee ist so klar und so kalt wie er aussieht.
S. 63: Gipfelerlebnis ohne Anstrengung. Auf der Zugspitze.
S. 64/65: Die Coburger Hütte am Drachensee, behütet vom Wampeter Schrofen, Vorderen Drachenkopf und der Ehrwalder Sonnenspitze.

Die zweite Tagesetappe ist dennoch vielversprechend, führt sie doch durch die »Hölle«. Damit nicht genug, es steht ein richtiger Wandermarathon an: 1 600 Höhenmeter Aufstieg und fast 1 300 Höhenmeter Abstieg ergeben einen Neun-Stunden-Tag. Stoff für Alpträume muss das aber keiner sein. Möglichst konsequent beherzigen wir die Grundsätze für anstrengende Tage: ein ordentliches Frühstück und der Kameltrick, der besagt, dass man wenig Trinkvorräte mitträgt und stattdessen vorher schon – wie ein Kamel vor einer Wüstenetappe – Wasser trinkt, bis eben nichts mehr reingeht. Der Rucksack ist so leicht wie irgendwie verantwortbar. Wir brechen zeitig auf und schlagen ein moderates Tempo ein. Wie der Intercity. Gar nicht mal so schnell, aber Haltestellen gibt es nur wenige. Wir laufen wie auf Schienen, möglichst energiesparend. Die erste IC-Haltestelle ist die Grünsteinscharte. Von den drei Nord-Süd-Übergängen über die Mieminger Kette (Marienbergjoch, Grünsteinscharte, Niedere Munde) ist sie die zentrale und höchste Scharte. Felsnadeln zur Rechten und zur Linken geben ihr ein wenig Dolomitenambiente.

Jenseits liegt die Höllreise, ein großes Kar mit 400 Höhenmetern Geröll, bevor die Latschen beginnen. »Hölle« heißt dieses Flachstück. Vielleicht, weil es außer Latschen nichts gibt, vor allem kein Wasser. Doch dank des Kameltricks und des leichten Nieselregens bis zur Scharte empfinden wir das nicht höllisch. Keine halbe Stunde später rauscht zudem der Lehnbergbach aus der großen Wasserfassung. Da können die Kamele wieder tanken. Und nochmals einige Minuten später kann man am Lehnberghaus den Durst stillen, mit Wasser oder wasserhaltigen Getränken.

Mehr als eine kurze Trinkpause genehmigt man sich besser nicht beim heutigen Pensum. Auf dem schönen Bachweg verliert man rasch an Höhe, schließlich wird eine Wiese sichtbar, und nach einer Kapelle sind wir in Arzkasten.

Manchmal sitzt man vor einer Speisekarte, und nichts lacht einen an, obwohl man Hunger hat. Am Gasthaus Arzkasten stehen wir vor der ausgehängten Karte, und das Wasser läuft uns im Mund zusammen. Dann sehe ich die Tafel mit dem heutigen Kuchenangebot. Elf Zeilen ist sie lang. Ich möchte sie alle probieren.

Von Arzkasten folgt man dem Sonnenplateauweg, der durch die schönen südseitigen Wiesen und Lärchenwälder über Obsteig leitet. Ein kleiner Verdauungsspaziergang, der vor einem großen Supermarkt, der Kirche und der Bushaltestelle endet. Von der Terrasse auf der Nordseite des Inns fahren wir nun auf die Südseite nach Rietz.

Hier beginnt der zweite Teil des Marathons, der lange Anstieg. Wieder helfen ein paar Tricks: die Kamelstrategie, die Intercity-Taktik und ein bisschen Selbstsuggestion. Fünf Stunden haben wir schon geschafft. Egal wie lange wir benötigen, an der Peter-Anich-Hütte erwarten uns ein wunderbares Abendessen, erfrischende Getränke, ein toller Fernblick und ein kuscheliges Bett! Der letzte aufmunternde Gedanke kommt

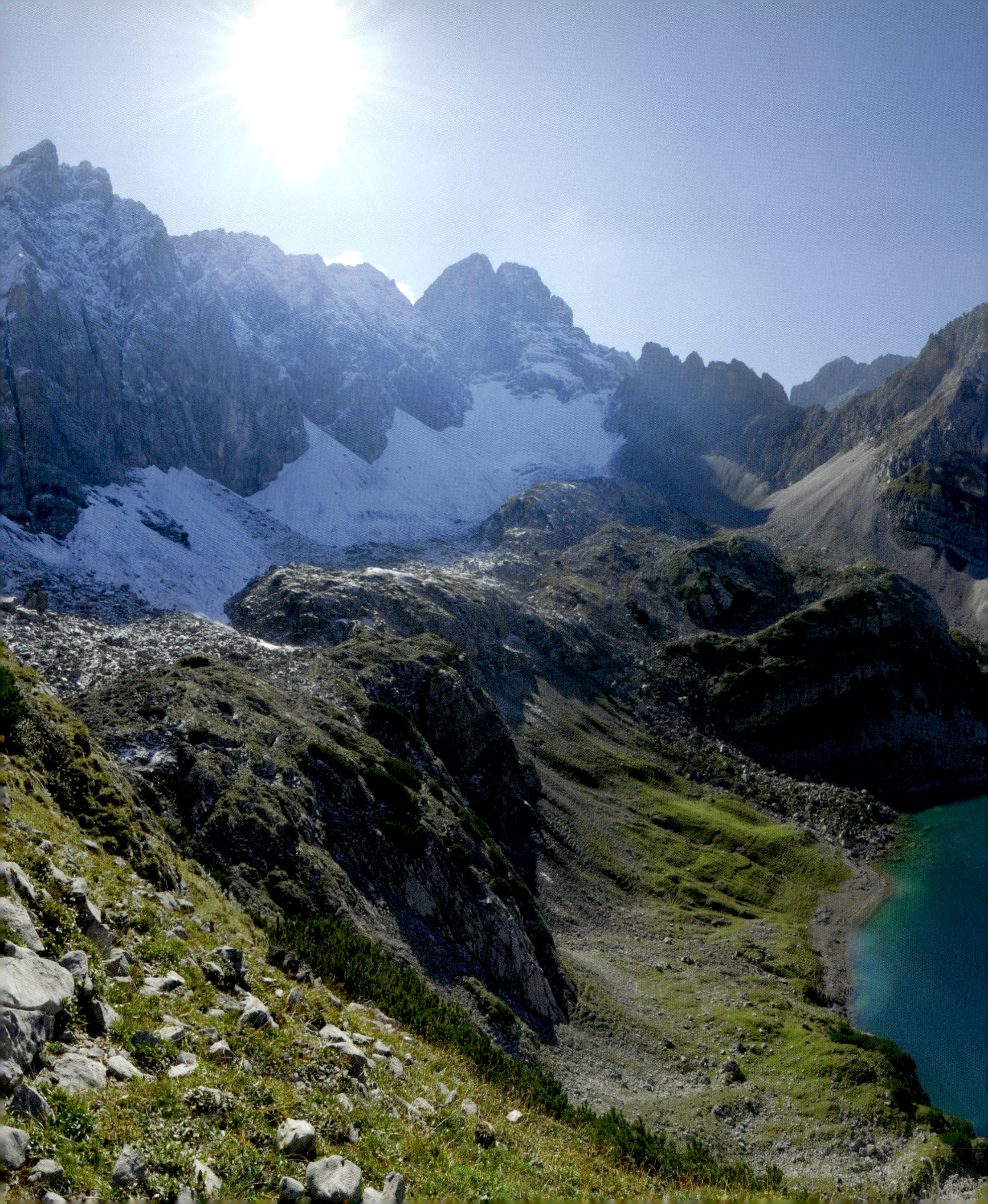

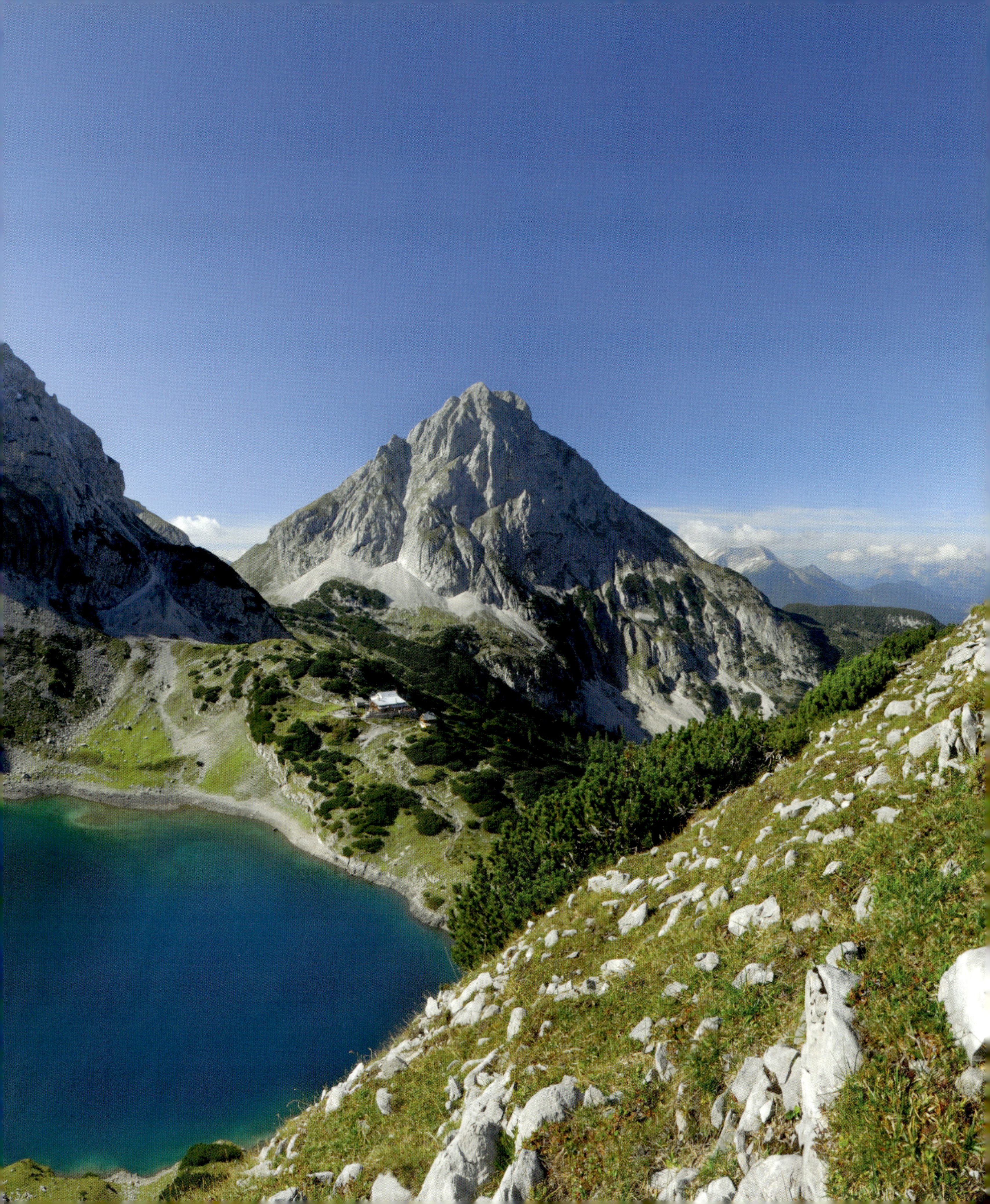

in Rietz, als wir zur Kirche hinauf den Jakobsweg überqueren: Nach Santiago wäre es noch viel weiter!
Die erste Unterbrechung auf der Forststraße ist Ranggen, eine Mischung aus Alm und Wochenendsiedlung. Kuhfladen neben Nagelscherrasen, Geißbockgeruch neben Waschbetonblumenkisten mit Fuchsien. Dann geht es wieder in den Hochwald. Serpentine fügt sich an Serpentine. Schritt für Schritt. Gleichförmiges Gehen. Stur wie eine Eisenbahn. Ohne zu denken, auch geredet wird schon lange nicht mehr. Erst hinterher sprechen wir über die Eindrücke. Über die Monotonie des Gehens. Über den Gedanken, dass dieser Weg nie aufhört. Darüber, dass wir das wörtlich so empfanden. Über die Schwammerlserpentine, wo riesige gelbe Schirme im Wald standen. Über die Ameisenhaufen im lichten Lärchenwald, meterhoch, immer geschützt auf der Südostseite eines Baumstammes. Über die Stille. Über den Tannenbart an den Lärchen. Über unser Erstaunen, als nach einer Kurve das Gebäude der Anich-Hütte sichtbar wird.

Dritter Tag

Gestern sind wir beim Aufstieg zur Anich-Hütte bereits in die Stubaier Alpen eingetreten, selbst wenn der Höhenzug zwischen Inntal und Kühtai mit der vergletscherten Stubaier Hauptkette noch wenig Ähnlichkeit hat. Auch der dritte Tag wird zwar geprägt von alpiner Szenerie, aber die großen Gletscherberge

S. 66: Beliebt auch bei Tagesausflüglern:
die Coburger Hütte mit Zugspitzblick.
S. 67: Gemütlich, aber mit einem anstrengenden
Aufstieg verbunden. Die Anichhütte vor der Hohen Munde.
S. 68/69: Morgens an der Anichhütte,
Blick zurück auf die Mieminger Berge.

Garmisch – Brixen

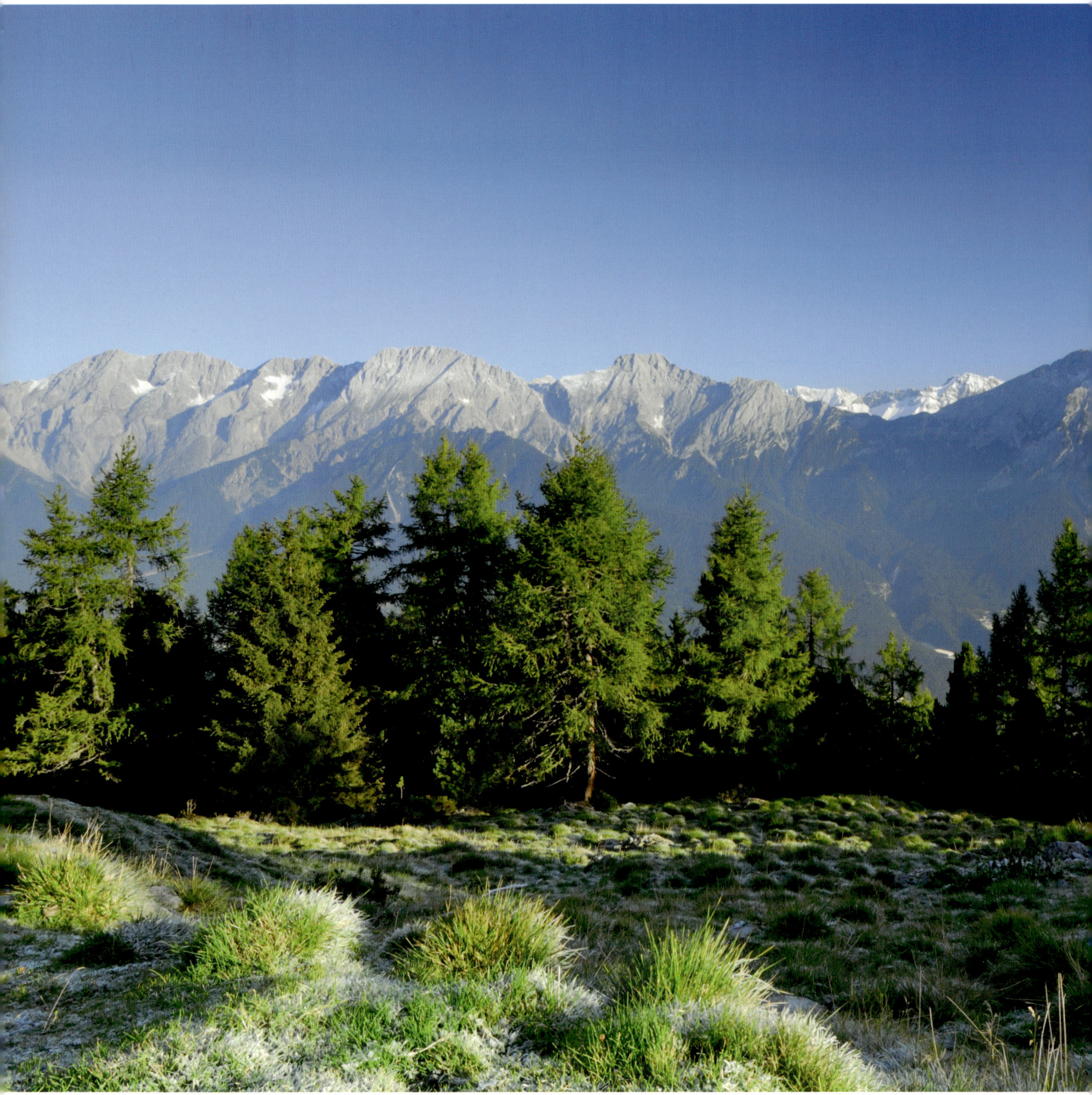

sind noch nicht in unmittelbarer Nähe. Man überschreitet den Kamm ins Kühtai etwas westlich des Rietzer Grieskogels. Der schmale Wiesenpfad fordert die Konzentration. Nicht, weil das Gelände gefährlich wäre, sondern wegen der schwachen Wegspuren. Aber in der Scharte unter dem Grieskogel ist der Weg wieder deutlich. Wer ihn trotzdem verfehlt, wird von den hektischen Pfiffen der Murmeltiere gewarnt.

Zwischen verblühten Almrosen und Wacholdersträuchern leuchten Preiselbeeren. Die weiten Hänge sind herbstlich braun, die Kühe grasen schon ganz unten in Talnähe. Mitte September neigt sich die Saison zum Ende. Das sehen auch die öffentlichen Verkehrsmittel so. Der Fahrplan an der Kühtaistraße war bis gestern aktuell. Wer zu spät kommt, wartet vergebens auf den Bus. Notfalls muss man eben ein Taxi rufen, zu Fuß ist die Strecke über Gries bis Praxmar zu lang.

So anstrengend der gestrige Tag war, so bequem klingt der heutige aus. Von Praxmar schlendert man auf breitem Weg hinab ins hinterste Lüsenstal. Alle paar Meter informiert eine Tafel über Wissenswertes. Motivation für Nichtwanderer. Aber manches liest sich trotzdem ganz interessant.

Im Reich von Knödeln und Strudel – durch die Stubaier Alpen

Natürlich haben wir die imaginäre Grenze zwischen dem Weißwurst-und-Brezn-Reich und dem Knödel-Strudel-Gebiet längst überquert. Als wir am Abend des dritten Tages im Alpengasthof Lüsens eintreffen und in der alten, saalartigen Gaststube die Speisekarte lesen, sticht uns sofort ein Gericht ins Auge: Tiroler Knödl und Kaspressknödl mit Sauerkraut. Da kann man doch nicht widerstehen. Der Tiroler Knödl ist ein in Salzwasser gekochter Speckknödel, der hier sehr fein und nicht zu deftig nach Speck schmeckt. Kaspressknödel dagegen bestehen aus einem Knödelteig mit mehreren verschiedenen Käsesorten und werden in der Pfanne gebraten. Im Vergleich zum

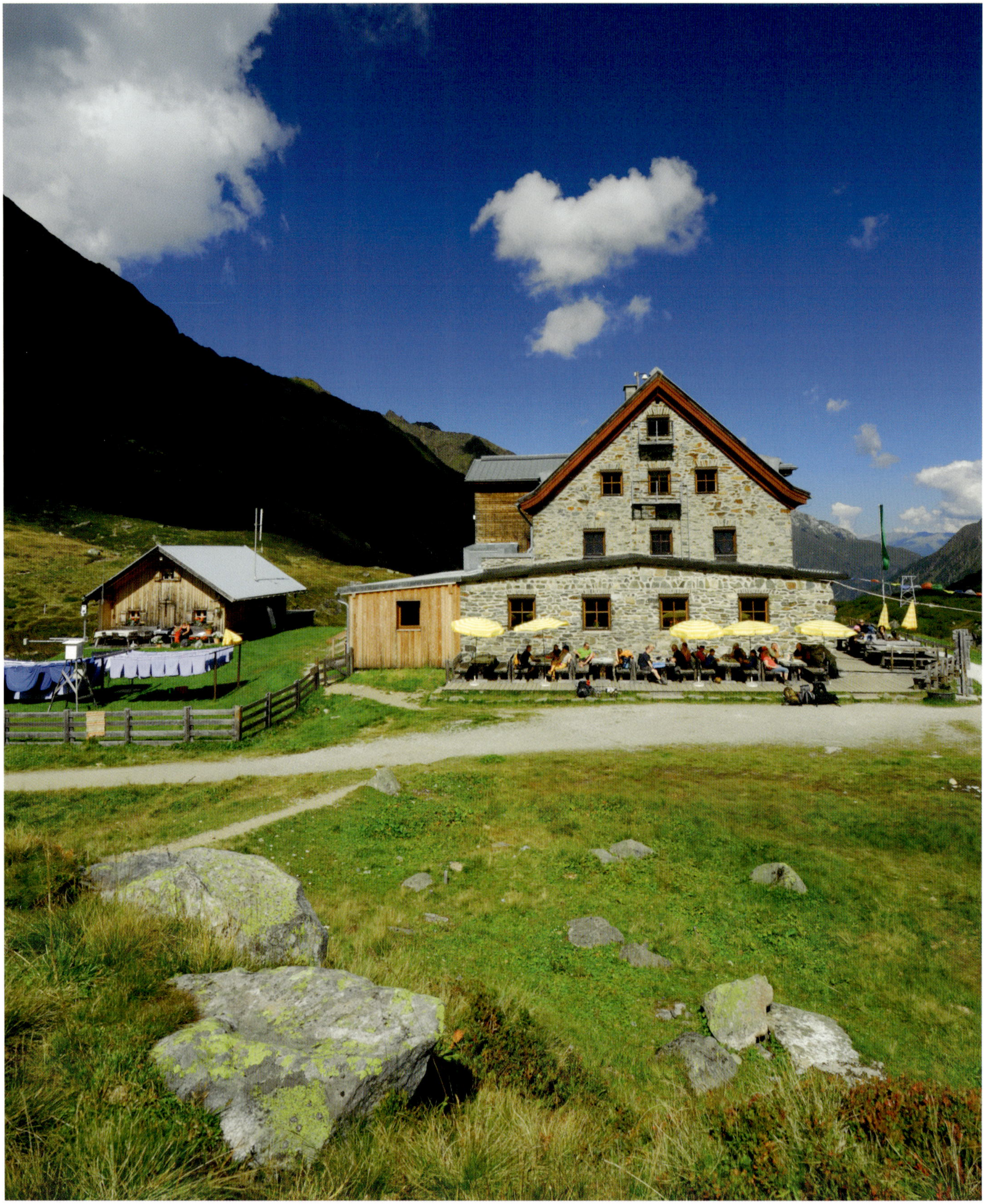

riesigen Speckknödel sehen die Kaspressknödel wie große Fleischpflanzerl aus. Gemeinsam mit der Portion Sauerkraut passen sie kaum auf den Teller. Trotz unseres echten Bergsteigerhungers wird es eine »alpine Herausforderung«, die Portionen aufzuessen. Den Apfel- und Topfenstrudel als Nachtisch müssen wir auf das nächste Mal verschieben.

Der Alpengasthof liegt im Talschluss des Lüsenstals. Nur noch eine Almstraße geht weiter in den Fernauboden, wo sich einst die Gletscher Lüsener Ferner und Langentalferner trafen. Heute sieht man vom Tal aus nur noch die oberste Gletscherstirn des Lüsener Ferner. Und selbst diese hebt sich kaum von den hellgrauen Felsplatten ab. Im Laufe des vierten Tages werden wir deutlich mehr vom Gletscher sehen, dann ist man so hoch, dass der Blick ins weite Firnbecken hinüberstreift.

Vierter Tag

»Kuuääh, kuuääh.« Laut schimpfend fliegt ein Tannenhäher in die nächststehende Zirbe. Um diese Uhrzeit sind Wanderer noch nicht erwünscht in seinem Frühstückshang. Doch auf der anderen Talseite sind Zischgeles und Schöntalspitze sowie die Hänge ums Westfalenhaus schon in warmes Morgenlicht getaucht, und damit ist es Zeit für den vierten Wandertag. Dieser führt übers Große Horntaler Joch ins Oberbergtal zur Franz-Senn-Hütte. Die Tagesleistung für den Übergang ist überschaubar, sodass man heute den einen oder anderen Gipfel am Wegrand »mitnehmen« kann. Doch zunächst einmal steigen wir zum Horntaler Joch auf. Der Talgrund und unsere Flanke liegen noch im Schatten von Rotem Kogel, Lüsener Villerspitze und Hoher Villerspitze, drei (Fast-)Dreitausender auf der Ostseite des Tals. Durch ihre steilen Grasflanken quert der Weg hindurch, wenn erst einmal die Einstiegshöhenmeter geschafft sind. Dann sieht man auch auf das große Gletscherbecken zwischen dem Lüsener Fernerkogel und der Rinnenspitze. Eine ganze Weile führt der Weg auf das endlose Weiß zu, bis wir ins Große Horntal hinaufsteigen können. Ein Wiesenweg mit etlichen Markierungsfelsen und noch mehr neugierigen Schafen. Der Gletscherblick schwindet allmählich, dafür rückt der Weiterweg ins Blickfeld. Harmloses Geröll gilt es zu überwinden bis in die Scharte hinauf. Diese ist flankiert von der Hohen Villerspitze zur Linken, einem steil aufragenden Felshorn aus schwarzrotem Gestein, von Wolkenfetzen umbraust, und dem harmloseren Schafgrübler zur Rechten. Etwa eine Stunde zusätzlich muss eingerechnet werden, wenn man den Schrofengipfel besteigen will.

Die Wolkenfetzen streichen mittlerweile übers Joch und zaubern eine unwirkliche Lichtstimmung. Tief unten liegt ein großes Kar mit zyklopenhaften Felsbrocken, zwischen denen die Schafe grasen – weiße Pünktchen im unendlichen Grüngrau. Der Weg aber zweigt nach Süden ab und nutzt ein Seitenkar zur Franz-Senn-Hütte hinab.

Die Franz-Senn-Hütte ist eine der größten Hütten in den Stubaiern. 170 Personen finden in der renommierten Unterkunft Platz. Das Tal wird von der Ruderhofspitze mit dem Alpeiner Ferner und seinem halben Dutzend Seitengletschern abgeschlossen, ein beliebtes Hochtourengebiet; heute jedoch sind Wande-

S. 70: Sonne genießen, neue Kraft tanken. An der Franz-Senn-Hütte.
S. 71: Prominenter Dreitausender: der Lüsener Fernerkogel.
S. 72: Der Rinnensee ist der Lohn für eine kleine Extratour.
S. 73: Naturdenkmal Grawawasserfall.

rer und Tagesgäste in der Überzahl. Nur ein einziges Seil hängt im Trockenraum, drei Eispickel sind unter das Schuhregal geschoben, und im Regal dominieren leichte Wanderschuhe im Wechsel mit einzelnen verwitweten Hausschlappen, wie es sie in dieser Menge nur auf Hütten gibt.

Die Franz-Senn-Hütte blickt nach Südwesten. Ob man 1885 schon wusste, dass wir heute unseren Kaffee mit Strudel auf der Sonnenterrasse einnehmen wollen? Am Spätnachmittag scheint die Sonne noch immer. Eine folgenschwere Entscheidung steht an: entweder der Wechsel von Kaffee zu Bier oder Rotwein oder ganz schnell die Flucht aus der Gefahrenzone der Versuchung.

Wir erliegen der Versuchung. Allerdings einer anderen. Die Neugier lässt uns nicht ruhen, bevor wir nicht zum Rinnensee hinaufgestiegen sind. Wie eine türkisfarbene Acht liegt der See im Geröll unter der Rinnenspitze. Ein schöner Fußweg bringt uns von der Hütte in eineinhalb Stunden hinauf. Wer auch noch den Tiefblick auf den Lüsener Ferner sucht, steigt weiter auf die Rinnenspitze. Dazu braucht man nochmals eine knappe Stunde, Trittsicherheit und etwas Armkraft, denn ein Stückchen des felsigen Gipfelanstiegs ist mit Drahtseil versichert.

Das größte Glücksgefühl des Tages erlebe ich aber kurz vor Hüttenruhe. Von der Rinnenspitze kommen wir nämlich verschwitzt zurück, gerade noch rechtzeitig zum Abendessen. Erst kurz vor zehn verschwinde ich im Waschraum, um der pappigen Schweißschicht den Kampf anzusagen. Statt dem erwarteten kalten Wasser vom Hahn erwartet mich dort eine heiße Dusche – ein herrliches Gefühl! Auf den Armaturen steht ein Fläschchen »Honiggel mit Mandel«. Sauber, glücklich und duftend wie Cleopatra schlüpfe ich wenig später in den Schlafsack.

Fünfter Tag

Der Tag des Tieres. Von der Franz-Senn-Hütte geht es nicht ins »Stiergschwez«, sondern nach Osten ins »Kuhgschwez«. Dann über die Schrimmennieder unter dem »Schafleger« hindurch. Schließlich über die Regensburger Hütte zur »Ochsenalm« hinab. Kühen und Schafen begegnen wir auch wirklich einigen, bei den Ochsen ... das weiß man nicht so genau.

»Das Oberbergtal wirbt mit 50 Kilometern Wanderwegen. Irgendwie muss man die ja zusammenkriegen«, lästern wir hinauf zur Schrimmennieder, als der Weg partout nicht an Höhe gewinnen will. Dabei ist gerade heute eine lange Etappe! Doch schließlich trennt uns von der breiten Scharte nur noch ein langer Querweg, und dann sind wir endlich drüben in der Schrimmennieder. »Niedrig« ist die Scharte nicht, nur im Vergleich zum Schrimmenkopf rechts neben dem Übergang. Pause macht man am besten erst an der Regensburger Hütte. Sie ist in einer weiteren Stunde erreicht.

»Unglaublich. Verrückt. Aber ganz verrückt.« An der Regensburger Hütte sieht man ins Hohe Moos und zur Grawagrubennieder, einem weiteren Übergang auf dem Stubaier Höhenweg. Vor Jahren haben wir diesen bei unsicherem Wetter mit Zelt und Kocher begangen und angesichts der aufziehenden Front die Strecke von der Starkenburger Hütte über die Franz-Senn-Hütte und die Regensburger Hütte zur Grawagrubennieder und weiter zum Mutterberger See an einem Tag zurückgelegt. Heute folgen wir jedoch ab der Regensburger Hütte nicht dem Stubaier Höhenweg, sondern steigen am schönen Wasserfall des Falbesoner Bachs vorbei und später an der Ochsenalm vorüber hinunter nach Falbeson. Der Weg zieht sich, vor allem macht der Wechsel zwischen Steilstücken und unendlich flachen Wegabschnitten den müden

Muskeln zu schaffen. Vielen Vorgängern scheint es ähnlich ergangen zu sein, denn die Abschneider durch den Wald sind oft deutlicher als die markierte Trasse. »Naja, 's Oberbergtal hat 50 Kilometer, da braucht's Unterbergtal 60 Kilometer«, mutmaßen wir.

In Falbeson steht ein schönes Café. Für uns ist auch die Bushaltestelle von Bedeutung, die brauchen wir für den Weiterweg zum Grawawasserfall. Ein vernünftiger Fußweg für die sieben Kilometer taleinwärts ist im Wanderwegenetz nämlich nicht enthalten. Wer nicht teilweise neben der Straße oder mit etlichen Höhenmetern mehr an den Hangflanken einen Zickzackkurs zwischen Ausflugszielen gehen will, wird auf den öffentlichen Bus zurückgreifen.

Kenner halten sich links und nehmen einen Fensterplatz. So hat man schon während der Fahrt einen ersten Eindruck vom nächsten Höhepunkt. Kurz vor dem Hüttenparkplatz der Sulzenauhütte, wo man den Bus verlässt, gischtet links der Grawawasserfall herab. Früher waren der Aufstieg zur Sulzenauhütte und der zum Wasserfall zwei separate Wege, mittlerweile ist das Naturdenkmal von drei Aussichtsplattformen noch besser einzusehen, und von der obersten Kanzel kann man gleich weitergehen zur Hütte. Sicher nicht der trockenste Hüttenaufstieg, aber der reizvollste.

In gigantischen Wellen gischten die Wassermassen den Felsabbruch herab. Immer wieder scheint ein Regenbogen auf, der mit den sich auflösenden Gischtwolken verblasst, um Momente später mit einer neuen Wolke wieder zu entstehen. Schwall an Schwall saust so in die Tiefe, nach keinem erkennbaren Muster.

S. 74: Schlemmen auf Tirolerisch. Im Reich der Knödel.
S. 75: Draußen wabern die Wolken um die Schlicker Seespitze.
S. 76/77: Wandern jenseits von Wildem und Aperem Freiger und dem Eisstrom des Freigerferners.

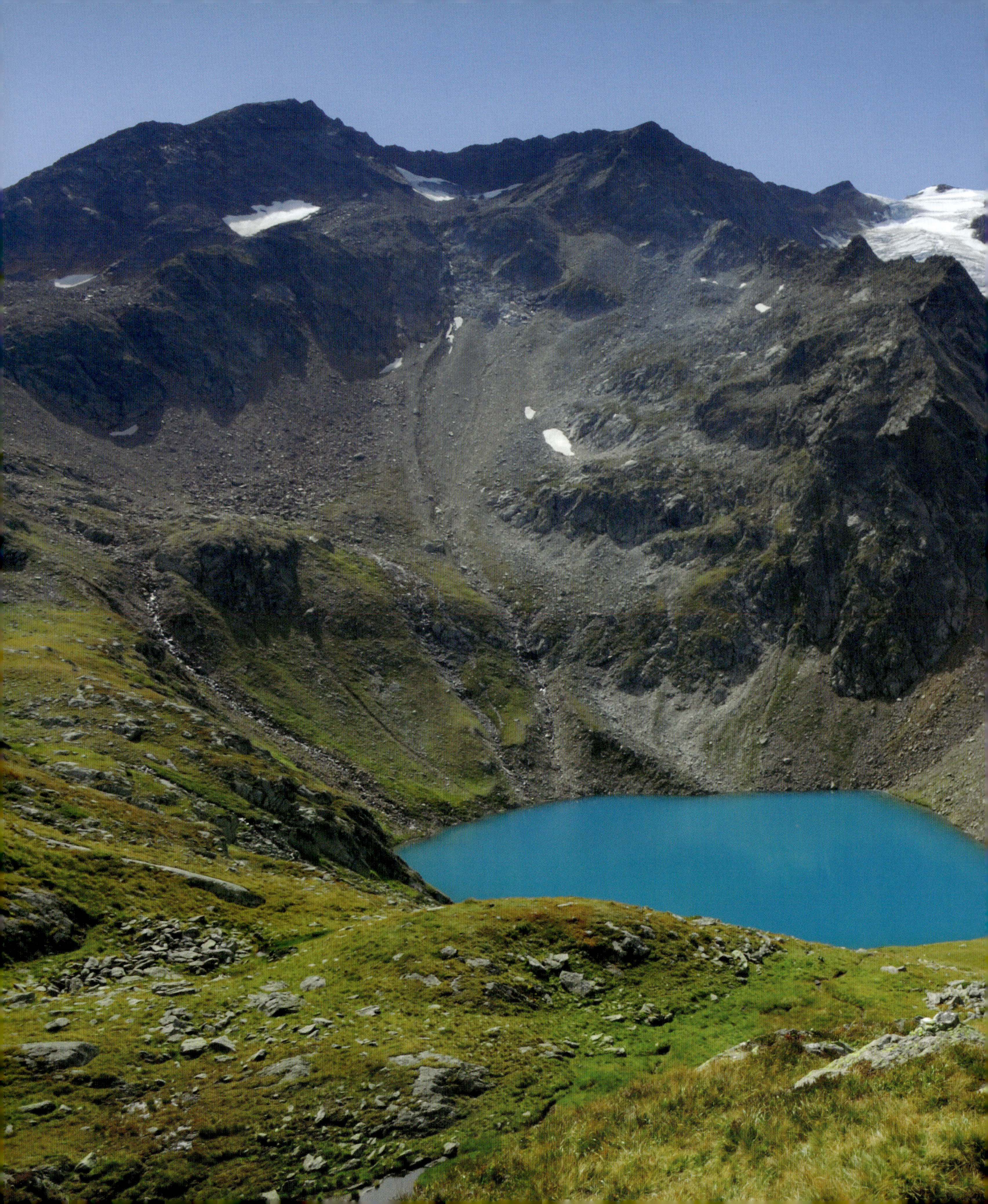

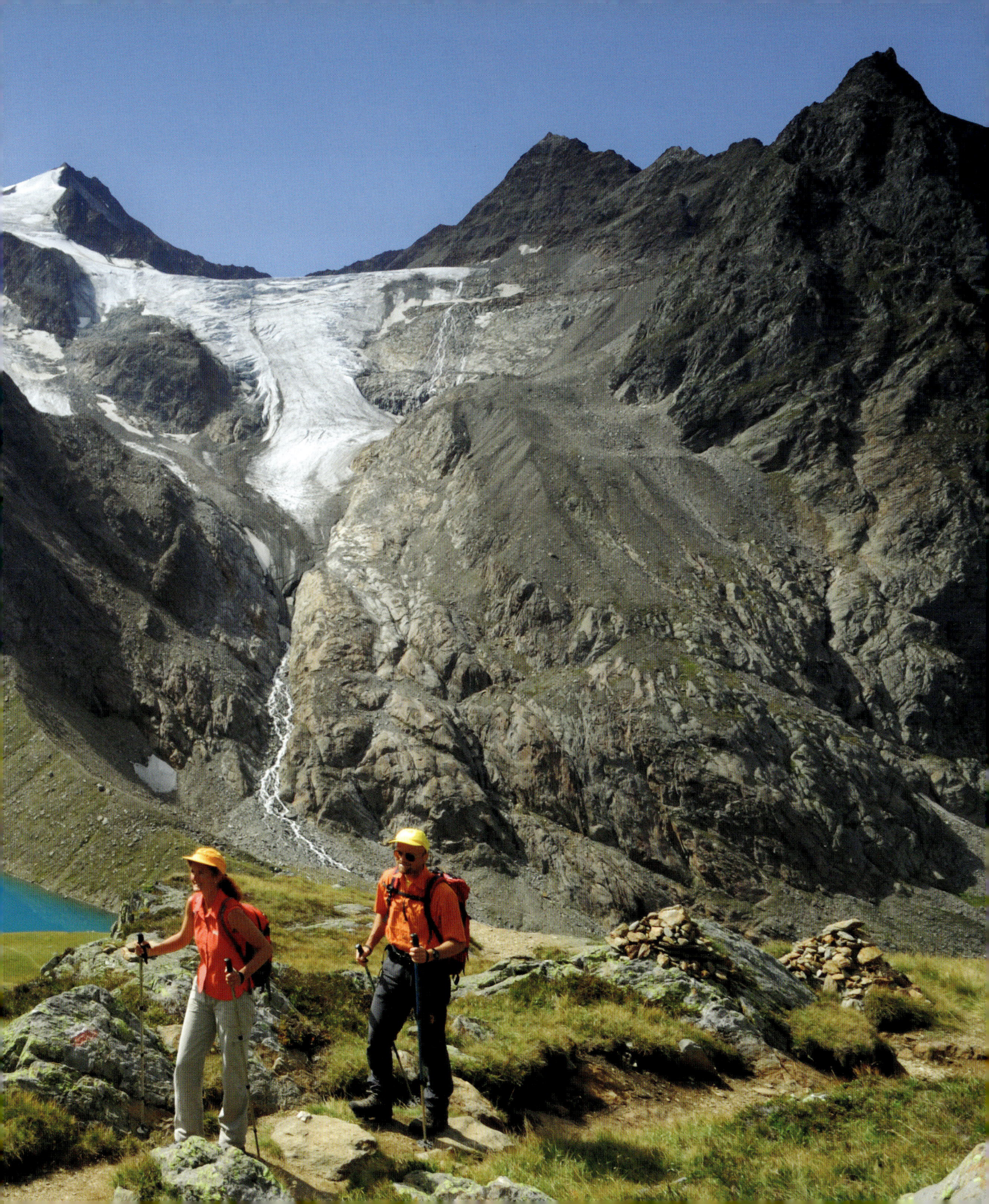

Immer wieder meint man, der Bach würde jetzt eine extragroße Menge Wasser führen. Immer wieder entdeckt man neue Details. Hier ein Gischtpilz, da ein Wirbel, eine Fontäne. Und immer der Regenbogen in seinen unterschiedlichen Erscheinungen. Bald sehen wir aus wie unter der Dusche, feine Gischtperlen auf den Haaren, der Haut, der Kleidung. Zeit für den Weg zur Sulzenauhütte.

Von der letzten Aussichtsplattform geht es einen steilen, moosüberwucherten Waldhang hinauf. So steil und so nass – unglaublich. Im Abstieg ist der Pfad nicht zu empfehlen, das sieht die Familie aus Frankreich mit ihren drei Buben – jeder mit einer braunen Bremsspur am Hosenboden – sicher auch so, aber hinauf kommt man schnell.

Kurz vor Erreichen der Sulzenaualm mündet der Wasserfallsteig auf den Hüttenweg ein, nach ein paar Minuten steht man im Talboden der Sulzenaualm. Das viele Wasser hat hungrig und durstig gemacht. Wie will man da an einer schönen Alm mit großer Speisekarte vorbeigehen? Einen Strudl als verspätete Kaffeepause? »Strudel fertig«, unterstrichen mit einer resoluten Handbewegung, lautet die Auskunft an der Theke. Seit Trapattonis »Flasche leer«-Ausbruch eine klare Aussage. Schade, dann probieren wir eben den Kaiserschmarren!

Mit der Hauswand im Rücken, dem Talboden vor uns und dem nächsten Wasserfall von der Sulzenauhütte herunter als Blickfang schmeckt der Schmarren besonders gut. Nur der Weiterweg zur Hütte fällt nun schwer, da man nicht weiß, ob man gleich auf der Alm

S. 78: Welch kitschig schöne Farbe! Der Grünausee.
S. 79: Ein kleines Paradies unter dem Simmingjöchl.
S. 80/81: Unter der Schafkampspitze führt am siebten Tag der Weg hindurch.

übernachten soll oder noch die knappe Stunde aufsteigt. Lediglich eine Entscheidung ist schon gefallen: Den Hüttenberg Trögler werden wir heute nicht mehr besteigen. Trotz seiner wunderbaren Aussicht auf Zuckerhütl, Wilden Pfaff und Wilden Freiger.

Sechster Tag

Am sechsten Tag wird die Landschaft noch hochalpiner. Auf der Landkarte sieht unser Weg für heute wie eine gerade Linie aus, die von Westen nach Osten führt, direkt unter dem vergletscherten Stubaier Hauptkamm hindurch. In Wirklichkeit sind Sulzenauhütte und Bremer Hütte durch zwei hohe Pässe getrennt, zwischen denen ein weiteres Tal mit der Nürnberger Hütte liegt. Letztlich gilt es heute und morgen, die Distanz zwischen dem Stubaital und der Brennerfurche zurückzulegen.

»Huhu, huhu!« Zwei Wanderdamen von weit, weit nördlich des Weißwurstäquators verabschieden sich mit einem Pseudojodler von ihren Freundinnen, die auf der Sulzenauhütte bleiben. Erfüllte Klischees bereiten Freude, also freuen wir uns.

Bald schon ist ein Seitental erreicht, und man hört nur noch das Zirpen der Grillen. In dem kuppigen Moränengelände mit seinen schönen geschliffenen Felsplatten und den bilderbuchartigen Endmoränenkränzen steigt der Weg allmählich.

Das Gras auf der anderen Seite des Hügels ist immer grüner, sagt ein Sprichwort. Auf der anderen Seite dieses Hügels liegt der Grünausee. Und der ist noch grüner. Eine unglaubliche Farbe! Vielleicht liegt es ja am Kontrast zu den grauen und braunen Gesteinsflächen, zum Hellgrau des Wilder-Freiger-Ferners und zum Himmelsblau. Lange sitzen wir im Gras und schauen nur ins Grün des Sees.

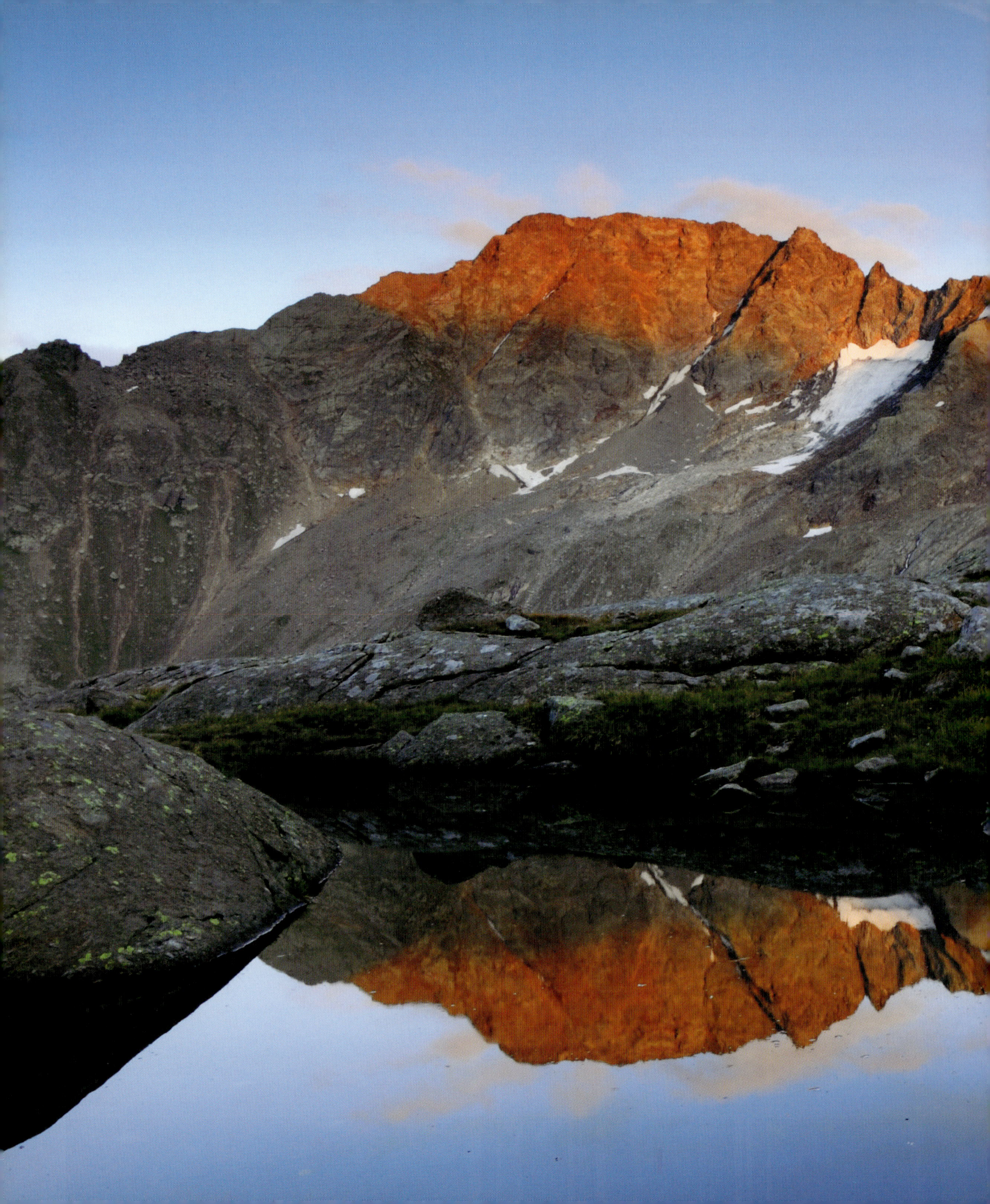

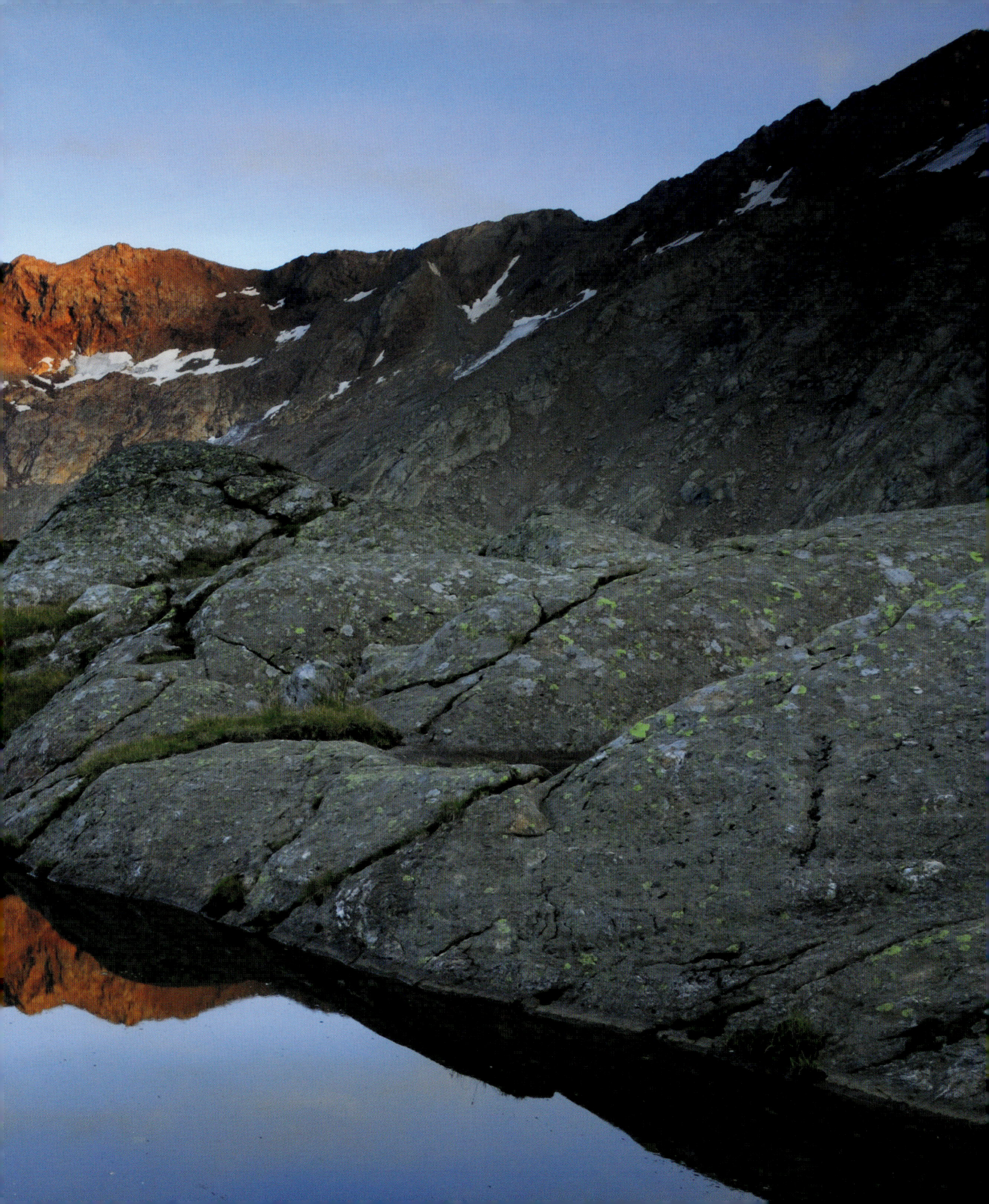

Die Vernunft mahnt endlich zum Weitergehen. Das Niederl ist der direkte Übergang zur Nürnberger Hütte. Von unten sieht der Pfad unglaublich ausgesetzt aus, doch es sind nur ein paar wenige Serpentinen durch die Flanke, schließlich ein beherzter Griff ans Drahtseil, und wir stehen oben am Pass. Das große Haus der Nürnberger Hütte steht wenig unterhalb im Kar. Ein paarmal hilft auch da das Drahtseil über Felsstufen hinweg, aber eigentlich ginge es überall gut ohne diese Hilfe.

Während der verdienten Mittagspause an der Hütte sucht ein junger Adler das Kar ab. Lautlos und weitgehend unbemerkt segelt er in der Thermik. Das sieht so mühelos und elegant aus, dass wir Fußgänger ganz neidisch werden.

Wie anders ist da unsere Fortbewegung: Schon beim Abstieg zum Bach stehen wir vor steilen Felspassagen, und im Anstieg Richtung Simmingjöchl wurde mehr Drahtseil verbaut als dem Wanderer allgemein lieb ist. Unterbrochen wird das Steilgelände durch einen wunderbaren kleinen Talboden, in dem ein Bach durch Wollgrasmoor mäandert und in einem kleinen See Aufenthalt macht. Immerhin ist der Weg zum Simmingjöchl nicht mehr so schwierig, sondern überraschend flach. Ein altes Zollhaus macht klar, dass man von der Grenze Österreich – Italien nur noch wenig entfernt ist, auch wenn man sich nicht vorstellen kann, was früher hier geschmuggelt worden ist.

Nochmals grimmig steil geht es jenseits hinunter. Drei Adler kreisen hoch droben am Himmel und erinnern an wartende Geier. Doch nach 40 Metern ist das gutmütige Gehgelände erreicht, die Adler sind wieder elegante Segler, und es ist Gelegenheit, die Reste des Simmingferners auf der anderen Talseite zu betrachten.

Esel, Hund, Katze und Gockel in Bronze begrüßen uns an der Bremer Hütte. Obwohl das Haus fast voll ist, hat man von Anfang bis Ende das Gefühl, man ist gern gesehener Gast. Auch der neu gebaute Gebäudeteil ist freundlich und hell. Viel Holz und große Fenster, moderne Bauweise und dennoch gemütlich und funktionell. Eine Schau auch, was der Hüttenwirt aus der winzigen Küche herauszaubert. »Mir machen ja den ganzen Tag nix anders«, tut er später achselzuckend ab, als er für einen kurzen Moment ins Freie tritt und seinen Sohn in der Kinderschaukel anschubst.

Siebter Tag

Herbst im Gebirge. Klare Luft, Fernsicht, im Tal der Nebel. Klischees erfreuen. Der Sonnenaufgang, der von der Bremer Hütte aus zu sehen ist, entspricht den kitschigsten Vorstellungen. Orangerot glüht der Himmel im Osten, ein kurzer Farbübergang folgt mit Violett und Blau bis ins Dunkelblau des Nachthimmels im Westen. Im Gschnitztal liegt ein Nebelmeer, einzelne Wellen ragen ein wenig in die Höhe.

Bis wir losgehen, ist die Sonne aufgegangen, und der Himmel leuchtet in reinem Blau, der Nebel wabert aber noch unter uns, wenn auch nicht mehr so dicht. Auf der Nordwestseite des Gschnitztals ragt mächtig der Habicht auf, hinterhalb kommt die Kirchdachspitze zum Vorschein. Auf dem breiten Hüttenweg ist Gelegenheit, die zwei schön geformten Berggestalten anzuschauen. »Österreichische und italienische Tribulaunhütte« heißt es dann auf einem Abzweiger. Darunter Schwarz auf Weiß: »Alpine Erfahrung, Trittsicherheit und Schwindelfreiheit erforderlich.« So so …

S. 82: Mächtig ragt der Habicht über dem Oberbergtal auf.
S. 83: Ein Märchen: Die »Stadtmusikanten« und die Bremer Hütte.
S. 84/85: Durchs karge Kühbergkar geht der Weg ins Sandesjöchl.
S. 86: Verdiente Rast im Sandesjöchl.
Die Sarntaler Alpen können ein wenig warten.
S. 87: Für Genießer jeder Art:
die Flaggerschartenhütte am gleichnamigen See.

Auf schmalem Wiesenpfad geht es hinab, über den Bach, vorbei an winzigen Moorseen. Unten leuchten grün die Wiesen, der Hauptbach glitzert in etlichen Schlingen. Heidelbeersträucher mit riesigen Beeren reichen bis auf Kniehöhe, man muss sich kaum bücken, um im Vorbeigehen zu naschen. Mit den Blumenwiesen ist es im September zwar vorbei, dafür sind die Heidelbeeren reif. Und die kann man im Gegensatz zu den Blumen essen!

Der Weg verläuft jetzt auf der Schattseite. Der Steinuntergrund ist noch taunass und rutschig, das rechte Hosenbein sammelt fleißig Wassertropfen von den hohen Gräsern, bis man es auswinden könnte. Es geht auf eine markante Gratrippe zu. Hinter einem Erlenstrauch endet der Pfad. Links unten der Steilhang, rechts eine Felsplatte, schwarzer Morast an ihrem Fuß, eine Handvoll Krampen und ein Seil weisen die Richtung: hinauf. Hatten wir nicht »Wanderweg« gesagt? Am oberen Ende des Felsens geht es glitschig weiter. Das Seil und die biegsamen Erlenstämme kommen da gerade recht. Wie lange geht das so? Was wird noch kommen? »Trittsicherheit und Schwindelfreiheit« kommt mir in den Sinn. Die Heidelbeeren am Wegrand sind so groß wie vorhin, aber plötzlich habe ich keinen Hunger mehr auf Beeren. Das erste Mal kommt der Gedanke auf, ob Brixen wirklich erreichbar ist.

Die Sonnenstrahlen blenden, für einen Moment bin ich wie blind. Dann gewöhnen sich die Augen an die Helligkeit. Vor uns liegt ein grünes Kar, drüben ein Bach. Kein Kinderspielplatz zwar, aber nach dem Steilstück wohltuend lieblich. Brixen, wir kommen!

Das Kar unter der Weißwand geht man aus bis in den letzten obersten Winkel, um ein Wegeck herum – stopp! Ich bremse ab, ducke mich und deute nach hinten zwei riesige Hörner auf meinem Kopf an. Wir schleichen wie im Indianerfilm an – nur mit gezückter Kamera statt des Tomahawks. Vor uns steht ein Steinbock auf dem Weg. Ein Stück weiter noch einer, zwei, vier, sieben. Alles kapitale Böcke, die unser Anschleichen offensichtlich kindisch finden und ungestört weiter an den Kräutern zupfen. Dann bemerken wir auf dem Felsgupf über uns kleine Steinböcke. Neugierig lugen sie herab, man sieht nur ihre Köpfe als Schattenriss.

Als wir eine Stunde später im Sandesjöchl sitzen, haben wir an die 50 Steinböcke gesehen. Die mächtigen Felswände von Pflerscher und Gschnitzer Tribulaun, auf die man so großartig sieht, sind dagegen fast uninteressant gewesen. Aber die können wir den ganzen Tag noch anschauen. Von der Tribulaunhütte, unserer letzten Übernachtung in den Stubaiern.

Zwischen Kaminwurz und Vinschgerl – durch die Sarntaler Alpen nach Brixen
Achter Tag

Man kann nicht alles haben im Leben, heißt es so oft. Am Ende des achten Tages am Gospeneider Joch ist diese Regel aufgehoben. Kurzfristig zumindest. Denn zurück geht der Blick nochmals auf den mächtigen

Felskoloss des Pflerscher Tribulaun, wo wir am Morgen erst aufgebrochen sind. Er beherrscht das Panorama im Norden. An ihn reihen sich die berühmten Stubaier Gipfel, die von Süden so zahm aussehen. Gleichzeitig öffnet sich hier heroben ein erstes Mal das Fenster auf die Dolomiten. Von den Pragser Dolomiten über die Sennes-Fanes-Gruppe und den Cristallo bis zum Peitlerkofel stehen die »bleichen Berge« Spalier. Noch einen Tag wandern und sie werden deutlich näher gerückt sein. Heroben sitzen am Joch, schauen, genießen!

Dieser paradiesischen Stunde war heute der lange Abstieg von der Tribulaunhütte nach Innerpflersch vorangestellt. Alte Bauernhöfe mit viel Blumenschmuck hatten uns dort erwartet. Mit dem Bus überwindet man dann die gut zehn Kilometer bis Sterzing. Mittags treffen wir ein, und es gilt zu entscheiden: einen gemütlichen Stadtbummel in der schönen Altstadt mit einer Tasse Kaffee und erst morgen weiter aufs Penser Joch oder schnell – wie einst Goethe – weiter.

Von Neugier getrieben, entscheiden wir uns für den Aufstieg zum Penser Joch.

Kaum hat man den Talkessel von Sterzing verlassen, der mit Autobahn, Mautstelle, Staatsstraße, Bahnlinie und Gewerbegebiet großflächig beansprucht ist, kehrt sogleich Ruhe ein. Die Linie ist uns vorgegeben: durchs Gospeneider Tal hinauf, das lärmbelastete Eisacktal ist durch die Nordrippe des Zinselers abgeschirmt.

Innerrust und Gospeneid heißen die beiden größeren Höfe am Weg, etliche andere säumen den Aufstieg. Grillengezirp und der würzige Geruch von frischem Heu gaukeln uns Bergbauernidylle vor. Etwas später steht ein halbvoller Heuwagen auf dem schmalen Bergsträßchen, oben am Steilhang recht eine Familie das Heu zusammen. Ein Nachmittag Schweiß und Schwielen für ein paar Liter Milch …

Der Schweiß fließt bald auch bei uns. Auf einer kurzen Passage gewinnt der Weg durch den Wald nämlich

Garmisch – Brixen 87

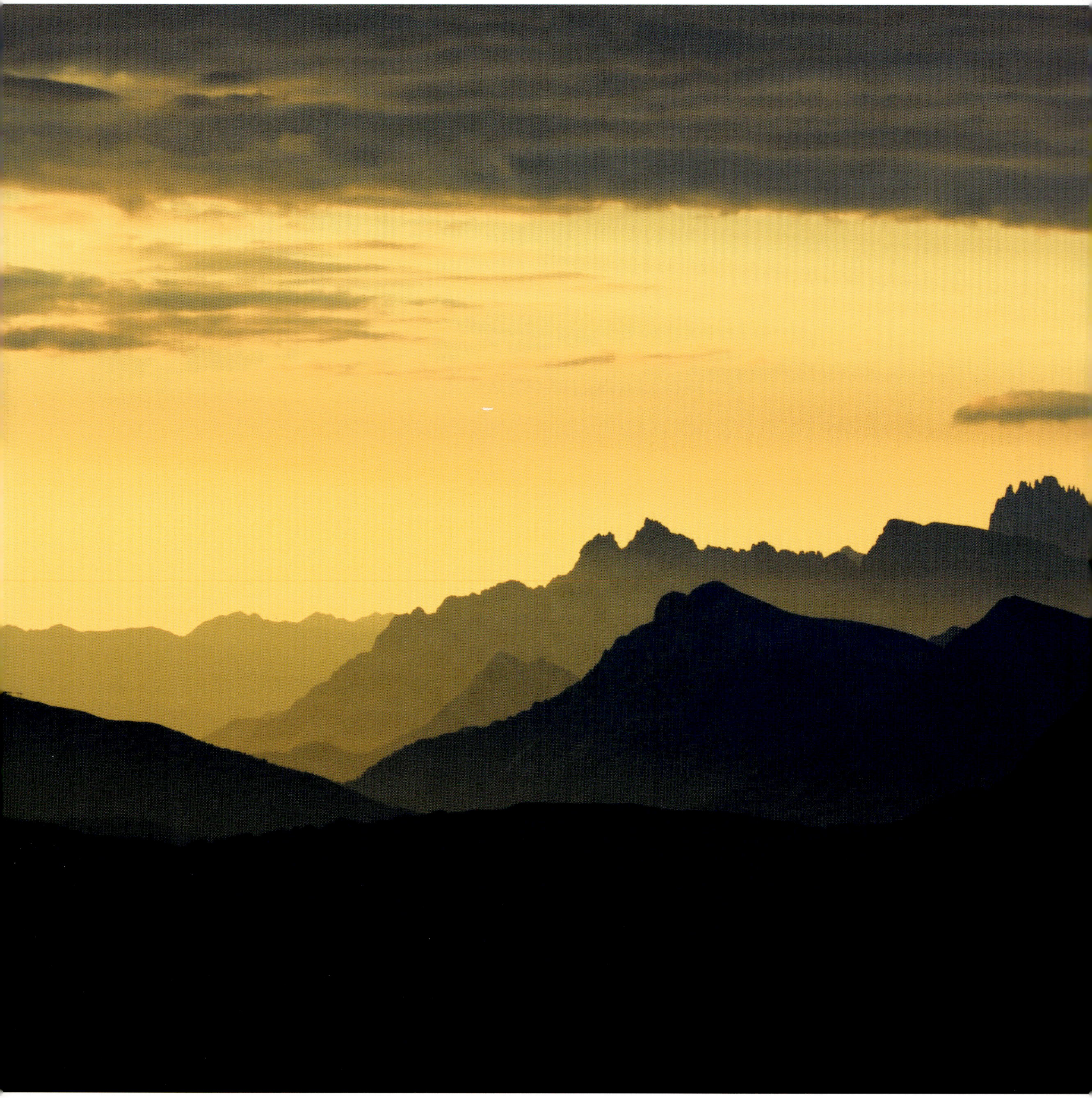

rasch an Höhe. Doch dann sind wir wieder im schönsten Almgelände. Anfangs stehen viele Lärchen im Grün.

An einer Alm vorbei, ab und an hebt eines der Kälber neugierig den Kopf und kommt auf ein paar Schritte heran. Begleitet von unzähligen Markierungsfelsen, dafür umso weniger Weganlage, steigt man auf. Ein kleiner See auf dem letzten Absatz lädt zum Verweilen ein, aber es lohnt sich, noch ganz ins Joch hinaufzusteigen für den beschriebenen Rundumblick.

Die restliche Etappe ist Formsache: auf einem schönen Höhenweg unter der Flanke des Hühnerspiels hindurch, das Sarntaler »Matterhorn«, das hier Weißhorn heißt, immer vor Augen, und die letzten Minuten auf der Passstraße zum Penser Joch. Am Abend ist der Verkehr bereits abgeflaut, und wir genießen eine beschauliche Nachtruhe in der freundlichen Einkehr.

Neunter Tag

Unser vorletzter Tag hört sich harmlos an: 19 Kilometer Luftlinie, knapp 900 Meter Aufstieg. Die schönen Talböden unter Sulzspitze und Tagweidkopf, die Fernsichten von der Hörtlaner Scharte und der Fortschellscharte sowie die wunderbare Flaggerschartenhütte werden jedoch mit viel Auf und Ab errungen.

Einen Vorgeschmack gibt der Weg hinauf zum Astenberg und zum Niedereck, welche beide in unmittelbarer Nähe des Penser Jochs stehen. Begleitet werden wir vom zarten Vanilleduft der tiefroten Kohlröschen auf den sonnenzugewandten Grashängen und vom Nicken der knallig gelben Mohnblüten in den Geröllfeldern. Letzte Überbleibsel aus dem Bergsommer.

Die erste Hälfte des Tages wandern wir nun auf der Westseite des Kamms von Tatschspitze (ein beliebtes Wanderziel vom Penser Joch) – Sulzspitze – Tagewaldhorn. Hinab in einen traumhaften Karboden, in dem ein grüner See in der Sonne glitzert und der Bach durch die Wiesen mäandert, hinauf zur nächsten Karschüssel. Pferde und Kälber werden heroben gesömmert, mal schallt das Blöken der Schafe, nur Wanderer sieht man selten.

Wieder und wieder tauchen kleine Seen auf. Oft fallen sie erst beim Blick von oben auf, und in den Wanderkarten sind sie nicht einmal verzeichnet. Wirklich, der Abschnitt vom Penser Joch zur Hörtlaner Scharte lebt von vielen kleinen Wundern, von flüchtigen Blicken im Vorbeigehen, von der Ruhe dieses vergessenen Gebirgsstocks.

Trompetenfanfaren wären angemessen für die Hörtlaner Scharte. Wer einen großen Übergang erwartet, wird höchst verwundert sein, denn in der Scharte selbst ist nicht einmal Platz genug fürs Gruppenfoto. Nicht weniger überraschend ist die neuerliche Gipfelschau auf die Dolomiten, deren Zackenlinie den Horizont säumt.

Ein paar steile Serpentinen und ein kurzer, versicherter Übergang, und schon steht die Flaggerschartenhütte vor uns. Anfang des letzten Jahrhunderts von der Sektion Marburg-Siegerland gebaut, gehört sie heute dem italienischen Alpenverein. Einen romantischeren Platz kann man sich kaum vorstellen. Die Hütte steht direkt am See, geschützt von der Hörtlaner Spitze auf der einen und der Jakobspitze auf der anderen Seite. Riesig groß ist die Versuchung, gleich zu bleiben. Vor allem, wenn man die Kochkünste des Hüttenwirts kennt, die mit jedem Sternehotel im Tal mithalten können. Dieses Omelette mit Pflaumenfüllung! Überhaupt sind wir kulinarisch längst in Südtirol. Nicht, dass es

S. 88/89: Dolomitenblick von der Flaggerscharte:
Plose, Peitlerkofel, Fanes- und Sennesgruppe.
S. 90: Die Radlseehütte ist die letzte Station der Reise.
S. 91: Längst sind wir im Reich von Kaminwurz und Vinschgerl.

nun keine Knödel mehr gäbe, nein, aber auf der Speisekarte stehen noch so viele andere Köstlichkeiten. Frisch gestärkt dürfte nun der lange, lange Querweg zur Fortschellscharte kein Problem sein. Dass dieser Ort etwas Besonderes ist, lässt sich nicht leugnen. Der Blick ist noch großartiger als am Gospeneider Joch oder an der Hörtlaner Scharte, 1 800 Höhenmeter tiefer fließt der Eisack, dazwischen liegen Rebhänge und Klöster, Bauernland und Obstbäume. Die Fortschellscharte ist genauso wie die Königsangerspitze, unter der die Radlseehütte steht, durch prähistorische Funde bekannt geworden. Was mögen unsere Urahnen hier gesucht haben? Weideplätze? Jagdreviere? Kontakt zu den Göttern?

Eine knappe Stunde tiefer erwartet uns die Klausener Hütte und damit das letzte Nachtlager. Wer allerdings an der Flaggerschartenhütte den kulinarischen Verlockungen erlegen ist und eine weitere Übernachtung eingeschoben hat, kann von der Fortschellscharte auf einem schönen Höhenweg direkt zur Radlseehütte weitergehen.

Zehnter Tag

Für Augenmenschen ist der Weg zur Radlseehütte wie maßgeschneidert. Das riesige Almgebiet der Hordrawiesen, wo im Sommer an die 250 Kühe und Pferde grasen, ist nach Süden geneigt, und auf den gemütlichen Wegen bleibt Zeit zum Schauen. Eine einzige Einschränkung muss man machen: Die Almmatten sind auch beliebtes Revier der Kreuzottern, die sich im Gras ihren schwarzen Körper wärmen.

Einen Katzensprung von der Radlseehütte entfernt wird der Blick auf das große Ziel frei. Brixen, am

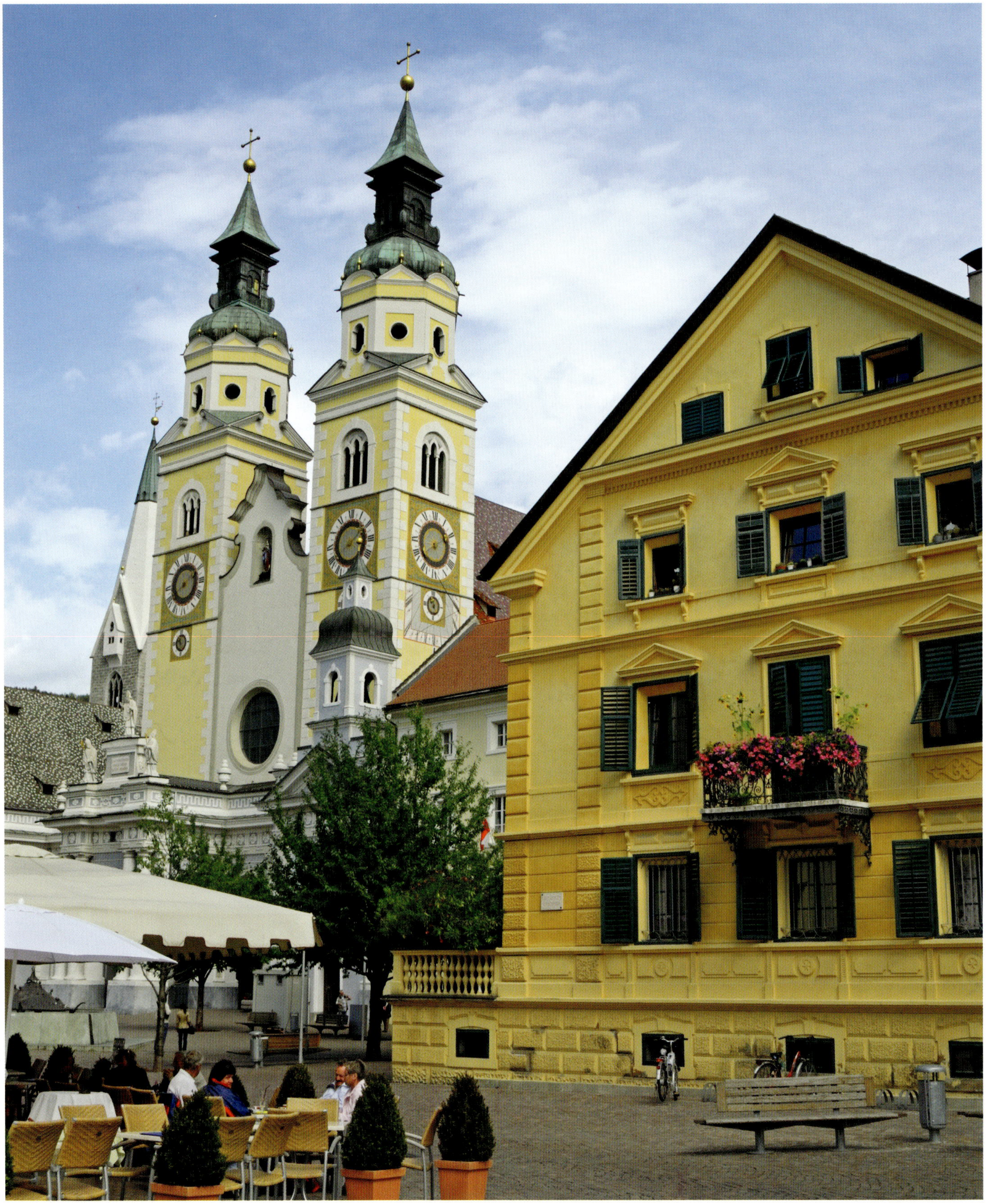

Zusammenfluss von Rienz und Eisack, liegt direkt unter uns. Ein fantastischer Anblick, über dem man durchaus vergessen kann, dass uns nun ein Mammutabstieg von 1 700 Metern bevorsteht. Die erste Hälfte führt durch steile Hänge und tannenbartbehangene Baummethusalems, die zweite Hälfte verläuft im Kulturland. Bergbauernhöfe und Waldstreifen lösen sich ab, bis man kurz vor dem Ziel Tils erreicht. In dem schönen kleinen Ort beginnt der Cyrillweg, der uns nach St. Cyrill bringt. Die Wallfahrtskirche aus dem 12. Jahrhundert thront auf einem Hügel über Brixen. Sie kann ohne Übertreibung als kulturelles Highlight bezeichnet werden. Die Holzkassettendecke stammt aus dem 15. Jahrhundert, die Bemalung aus dem 16. Jahrhundert. Der Kreuzweg leitet direkt auf die Altstadt von Brixen zu. Seit dem Jahr 992 war Brixen Bischofssitz, beinahe ein Jahrtausend lang. Der Dom beherrscht denn auch den Hauptplatz, seine zwei großen Türme waren schon vom Felsabsatz nahe der Radlseehütte eindeutig zu erkennen. Sie weisen uns den Weg durch den Hofgarten, vorbei an verlockenden Bäckereien und Cafés. Nur einmal verhalten wir im Schritt: Kurz vor dem Domportal lachen uns zwei bayerische Löwen von einer Fassade an. Der linke hat einen etwas wehmütigen Zug um die Augen, als hätte der Maler mit dem Wappentier aus München seine Schwierigkeiten gehabt. Am Wappen selbst und der Überschrift »Königlich Baiersches Landgericht und Rentamt« ist er aber zweifelsfrei zuzuordnen. Der traurige Löwe ist eine Erinnerung an die kurze Phase von 1805 bis 1815, als Brixen Teil des Königreichs Bayern war, bevor die Bischofsstadt an Österreich fiel.

Uns erinnert der Löwe daran, dass die Transalp am Dom zu Ende ist. Das Ziel ist geschafft! Die anfangs unübersehbare Entfernung von 130 Kilometern und fast 10 000 Höhenmetern liegt hinter uns. Es ist jedes Mal wieder ein Wunder, wie scheinbar Unmögliches Wirklichkeit wird, wenn man nur den Mut hat, es anzupacken. Ein Abend noch in Brixen, durch die Stadt bummeln und in aller Ruhe Südtiroler Spezialitäten probieren. Mit mehr Zeit, als damals der berühmteste Italienreisende hatte: »So ging es weiter auf Brixen, wo man mich wieder gleichsam entführte, so daß ich mit dem Tage in Kollmann ankam. Die Postillons fuhren, daß einem Sehen und Hören verging, und so leid es mir tat, diese herrlichen Gegenden mit der entsetzlichsten Schnelle und bei Nacht wie im Fluge zu durchreisen, so freuete es mich doch innerlich, daß ein günstiger Wind hinter mir herblies.«

Morgen schon geht es auch für uns mit »Schnelle« im Intercity zurück in die Heimat des Löwen.

S. 92: Geschafft! Die alte Bischofsstadt Brixen erwartet uns am zehnten Tag.
S. 93: Der gotische Kreuzgang schließt die Transalp ab.
S. 94/95: Panoramen, die man nicht vergisst. Eisacktal und Dolomiten nahe der Hordrawiesen.

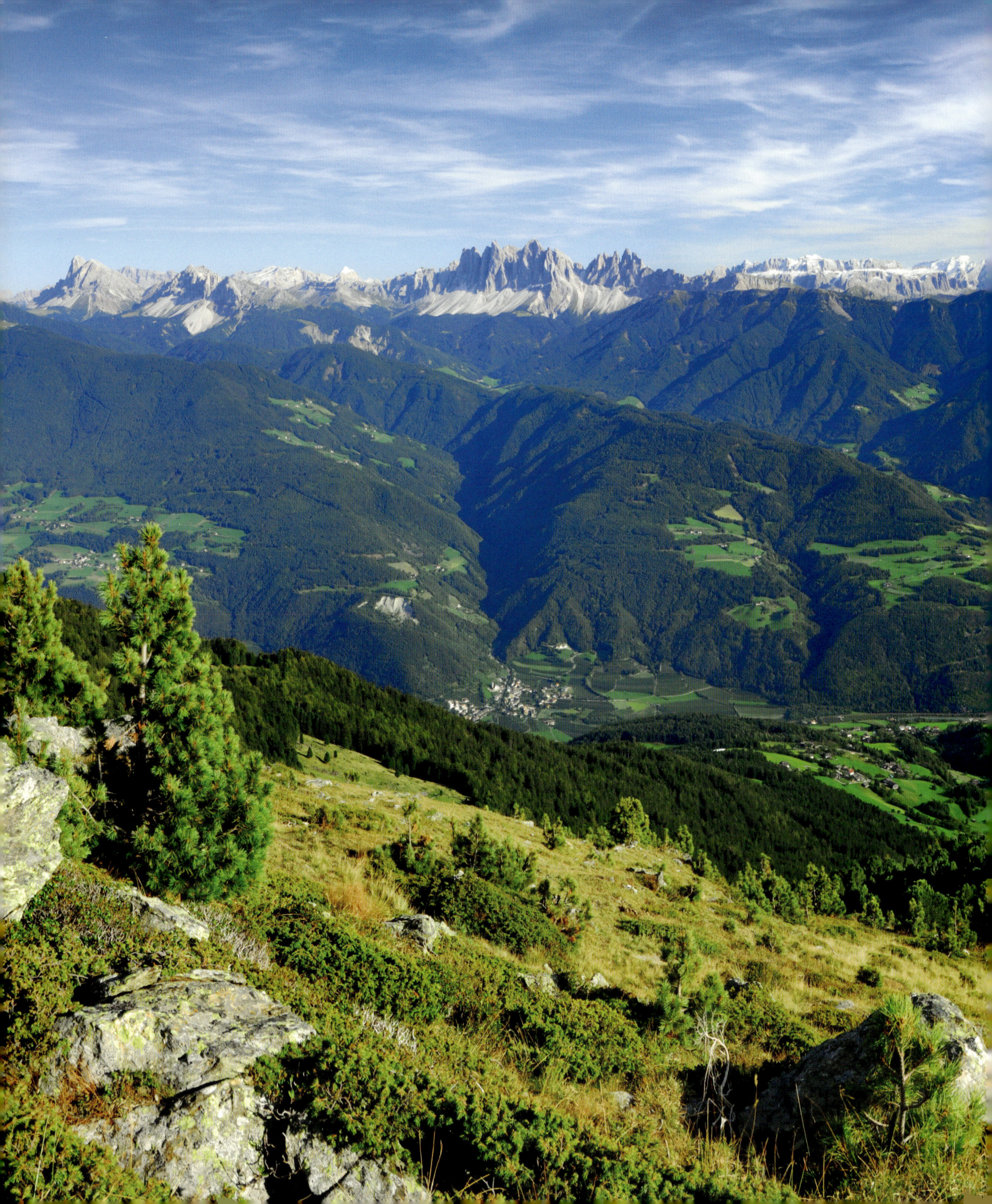

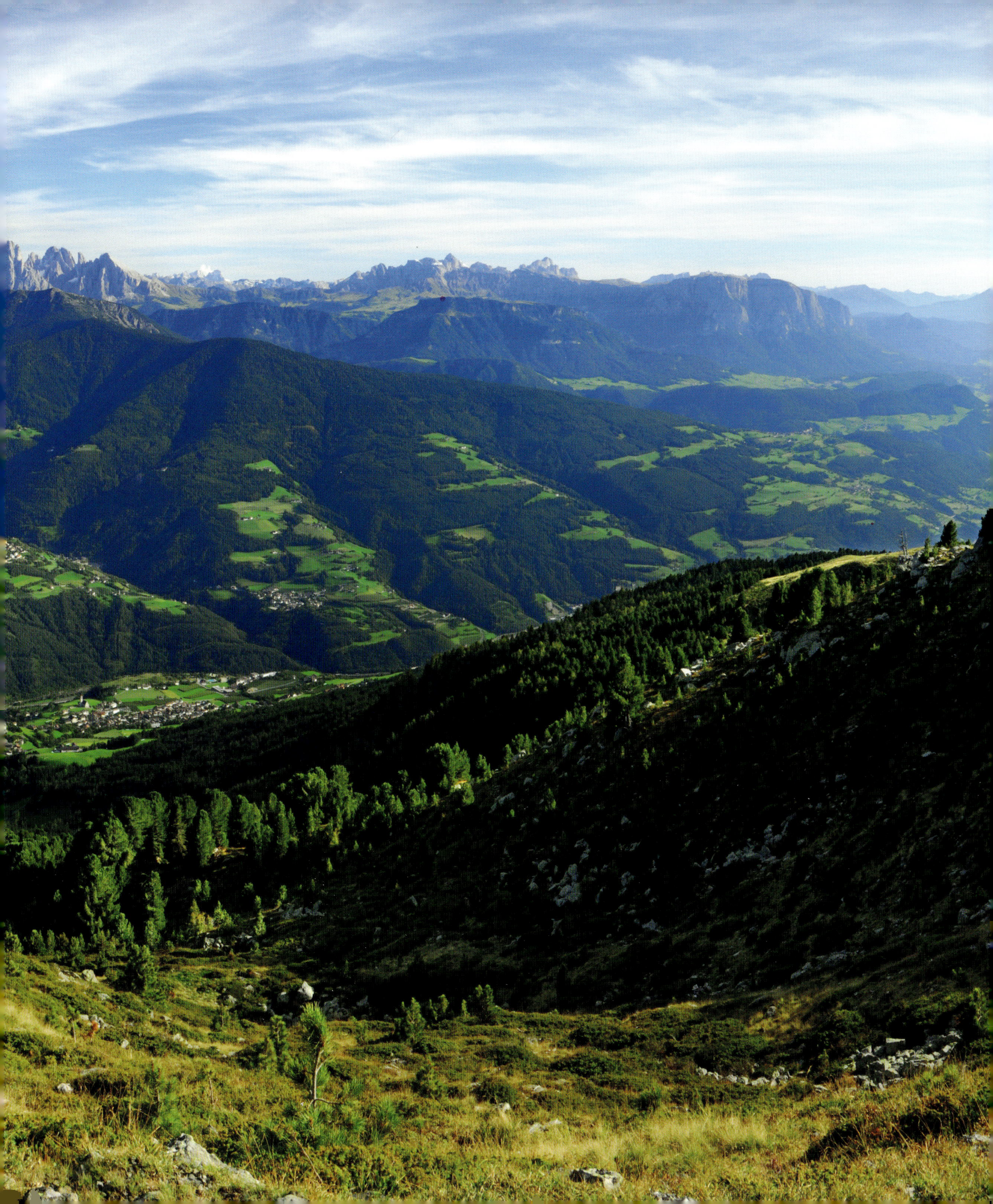

Wegbeschreibung:

Allgemeine Toureninfos:

Gesamtdauer: 10 Tage
Schwierigkeit: Bergwanderung, Trittsicherheit nötig, einige versicherte Passagen, vor allem im Abstieg von der Zugspitze, beim Übergang Niederl, zwischen Nürnberger und Bremer Hütte und von der Bremer Hütte zum Sandesjöchl. Klettersteigerfahrung nicht nötig. Teils schwach ausgeprägter Weg, z. B. beim Aufstieg zum Rietzer Grieskogel und zum Sandesjöchl, aber durchgehend markiert
Konditionelle Anforderung: hoch, im Durchschnitt Tagesetappen von 6 Std., maximal 9 Std.
Höhenmeter/Kilometer: 9860 Hm im Aufstieg, 11900 Hm im Abstieg, 129 km Gehstrecke
Ausgangsort: Garmisch, 708 m, Tourist Information, Richard-Strauss-Platz 2, 82467 Garmisch-Partenkirchen, Tel.: +49/(0)8821/180700, www.garmisch-partenkirchen.de, Bahnstrecke von München
Endpunkt: Brixen, 560 m, Tourismusverband Eisacktal, Großer Graben 26a, 39042 Brixen, Tel.: +39/(0)472/802232, Fax: 801315, www.eisacktal.info, Bahnverbindung über Sterzing zum Brenner
Beste Zeit: Ende Juni - Ende September
Karten: AV-Karte 4/2 Wetterstein- und Mieminger Gebirge, Mittleres Blatt, 1:25000 bzw. Kompass 35 Imst, Telfs, Kühtai, 1:50000; AV-Karte 31/2 Stubaier Alpen Sellrain und 31/1 Stubaier Alpen Hochstubai, 1:25000; AV-Karte 31/3 Brennerberge, 1:50000; freytag & berndt, Brixen und Umgebung, WKS 16, 1:50000

1. Etappe:
Zugspitze – Coburger Hütte

Höhenmeter: 390 Hm Aufstieg, 1440 Hm Abstieg
Zeit: 5:45 Std.
Wegverlauf: Vom Münchner Haus (2973 m, Einkehr, Übernachtung) über den versicherten Steig hinab aufs Platt, am Schneefernerhaus links vorbei und weiter auf markiertem Weg zur Knorrhütte (2052 m, Einkehr, Übernachtung, 2 Std.). Hier rechts, beschildert Gatterl, Ehrwald. Durch Blockwerk auf und ab zum Gatterl (2000 m). Hinab ins jenseitige Kar (kurz versichert) und kurz hinauf zum Feldernjöchl (2041 m, ¾ Std.). Nun nochmals ein kleines Kar ausgehend und nach dem Joch „Am Brand" auf gutem Weg hinab zur Hochfeldernalm (1732 m, Einkehr). Ca. 100 m nach dem Gebäude über eine Almstraße hinweg und auf den Fußweg Richtung Ehrwalder Alm (unbeschildert bzw. Parkplatzschild). An der Pestkapelle (1620 m) gelangt man auf die Almstraße Ehrwalder Alm – Gaistal. Hier wenige Meter links und beschildert rechts auf den Fußweg zur Coburger Hütte. Oberhalb des Igelsees (1 ½ Std.) gelangt man auf die Forststraße von der Ehrwalder Alm kommend (Weg 34, besch.) und biegt links auf sie ein. Teils leicht fallend, meist steigend, bleibt man nun immer auf der Forststraße bis zur Seebenalm (1566 m, Einkehr). Bald danach entweder links auf dem Fußweg oder rechts weiter auf der Straße zum Seebensee (1660 m, ¾ Std.), links an ihm vorbei zum Materiallift und den anschließenden Hang in einigen Serpentinen hinauf zur bereits sichtbaren Coburger Hütte (1917 m, Einkehr, Übernachtung, ¾ Std.).
Übernachtung: Münchner Haus, Tel.: +49/(0)8821/2901, 30 Plätze; Knorrhütte, Tel.: +49/(0)8821/2905, 118 Plätze; Coburger Hütte, Tel.: +43/(0)664/3254714, 80 Plätze

2. Etappe:
Coburger Hütte – Peter-Anich-Hütte

Höhenmeter: 1620 Hm Aufstieg, 1270 Hm Abstieg
Zeit: 9 Std.
Wegverlauf: Von der Coburger Hütte folgt man dem markierten Weg 812 nach Obsteig (besch.), dieser geht links um den Drachensee herum und leitet über einige Hangstufen hinauf. Am Beginn des Geröllfächers verzweigt sich der Weg, hier rechts (812) hinüberqueren an den Beginn einer kurzen, steilen Rinne und diese über splittriges Geröll in die Grünsteinscharte (2263 m, 1 Std.) empor. Jenseits geht es das breite Geröllkar „Höllreise" hinab (markiert), an einigen Wegverzweigungen immer geradeaus (besch.) bis zur großen Wasserfassung. Nun auf der linken Talseite auf einem Sträßchen zum nahen Lehnberghaus (1550 m, Einkehr, Übernachtung, 1 ½ Std.). Schon gleich nach dem Haus leitet rechts der markierte Bachweg (22A) Richtung Obsteig. Kurz vor Arzkasten (1151 m, Einkehr, 1 Std.) mündet der Weg auf die Fahrstraße ein.
Von Arzkasten links auf dem Sonnenplateauweg (besch. Obsteig) über die gesperrte Forststraße immer geradeaus bleiben, bis nach einem eingezäunten Grundstück der Weg rechts hinabgeht nach Obsteig (besch.). In Obsteig (991 m, ¾ Std.) hinab zur Hauptstraße, immer leicht links haltend, Richtung Kirche. Hier auch Supermarkt und Bushaltestelle. Busverbindung nach Telfs: 8:29, 9:29 (Mo - Fr), 10:29, 11:29, 12:29, 13:29 (Mo - Fr), 14:29, 15:29 (Mo - Fr), 16:29.
Mit dem Bus nach Telfs Inntalcenter, hier weiter nach Rietz, Busverbindung: 8:37, 9:37, 12:02, 13:02, 14:37, 16:47, 17:37 (Mo - Fr), 9:37, 11:37, 13:37, 15:37, 17:47 (Sa u. So).
Von Rietz (671 m), Bushaltestelle Kapelle, gleich links hinauf und an der Kirche links vorbei. Auf der hier beginnenden gesperrten Forststraße geht es immer gerade hinauf bis zur

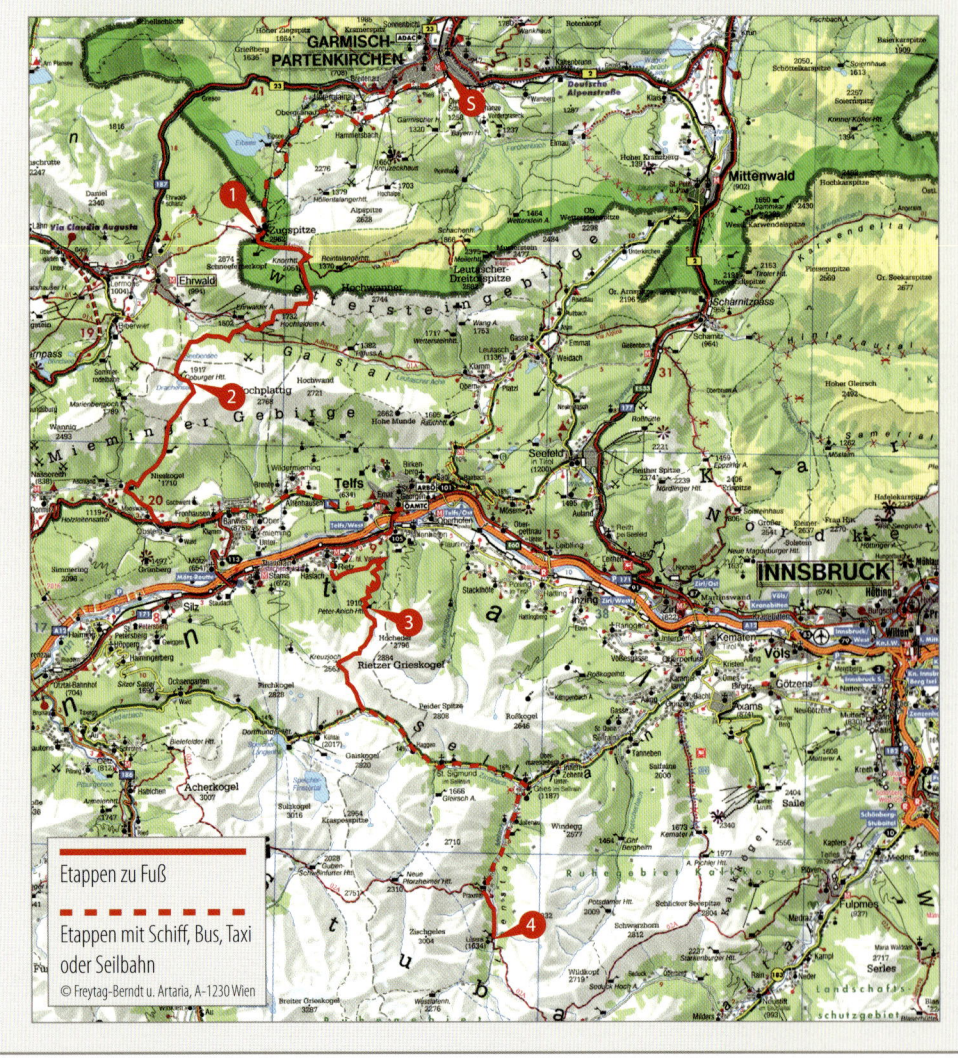

Etappen zu Fuß

Etappen mit Schiff, Bus, Taxi oder Seilbahn

© Freytag-Berndt u. Artaria, A-1230 Wien

Siedlung Ranggen (949 m). Am Ende der Lichtung gelangt man zu einer Forststraßenkreuzung, hier wendet man sich links, leicht steigend, an ein paar letzten Häusern vorbei und nun in Serpentinen immer auf dem Hauptweg hinauf. Schließlich mündet in einer Kurve von rechts eine Forststraße ein, hier ist die Anich-Hütte nach links hinauf ausgeschildert. In Serpentinen weiter hinauf zu einer Kreuzung: am kürzesten geradeaus zur Anich-Hütte (1910 m, Einkehr, Übernachtung, 4 Std. ab Rietz).

Übernachtung: Lehnberghaus, Tel.: +43/(0)676/5344791, Dienstag Ruhetag; Gästehaus Fitsch in Weisland, 5 Min. von Arzkasten, Tel.: +43/(0)5264/8206; in Obsteig, Telfs oder Rietz; Peter-Anich-Hütte, Tel.: +43/(0)664/5052018, 12 Plätze, geöffnet bis Mitte September

Einkaufsmöglichkeit: Obsteig

3. Etappe:
Peter-Anich-Hütte – Lüsens

Höhenmeter: 850 Hm Aufstieg, 1030 Hm Abstieg
Zeit: 5:30 Std.
Wegverlauf: Von der Peter-Anich-Hütte hinauf zum nächsten Almgebäude und hier auf dem linken Weg (besch. Grieskogel) zunächst in das Kar queren. Auf dessen linker Seite steigt man auf, dann führt der Weg nach rechts herüber zum Angersee (ca. 2250 m). Bei der Alm am See biegt er wieder nach schräg links zu einer Verzweigung auf der nächsten Kuppe. Bis hier deutlicher, markierter Weg, nun nur noch Steigspuren, aber regelmäßig rot markiert. An besagter Verzweigung rechts Richtung Grieskogel und um eine Kuppe links herum zu einem kleinen Sattel mit letztem Seeblick. Etwas links aushohlend in die Einsenkung vor dem Grieskogel. Nun auf den Rücken zu, der vom Vorgipfel des Grieskogels rechts herabzieht. Noch bevor der Rücken felsig wird, zweigt rechts ein beschilderter Querweg zum Rietzer Loch ab, man bleibt auf dem markierten Weg geradeaus (unbesch.). In Serpentinen den Rücken kurz hinauf bis zum Grat, links hinüber, zuletzt kurz hinab zur Scharte vor dem Grieskogel (2762 m, 2 ½ Std.). Hier beschildert rechts hinab Richtung St. Sigmund und Haggen. Der Weg ist wieder deutlich und geht den Talboden nach rechts hinunter aus, wo der Weg vom Kreuzjoch einmündet. Gemeinsam hinunter zum Bach, unmittelbar vor der Bachquerung auf markiertem Weg (unbesch.) auf der linken Talseite weiter und direkt hinunter zur Zirmbachalm an der Kühtaistraße (1792 m, Einkehr, 2 ¼ Std.). Hier Busverbindung nach Gries (8 km) von 5.7. – 14.9. (10:48, 17:38), weiter nach Lüsens (8,5 km) per Taxi: Taxi Haider, Tel.: +43/(0)5236/291. Oder mit dem Bus ab Gries nach Praxmar: 12:51 (Mo - Fr), 14:20. Vom hinteren Ende des Parkplatzes in Praxmar (1689 m) auf dem Naturerlebnisweg nach Lüsens (1634 m, Einkehr, Übernachtung, ¾ Std.) hinab (besch.).

Übernachtung: in Gries; Praxmar; Alpengasthof Lüsens, Tel.: +43/(0)5236/215, 55 Plätze
Einkaufsmöglichkeit: Gries

S. 96: Die Etappen 1 – 3 durch Wetterstein und Mieminger Berge bis in die Stubaier Alpen.
S. 97: Quer durch die Stubaier Alpen gehen die Etappen 4 – 7.
S. 98: Ein stolzer Steinbock unter dem Sandesjöchl.

4. Etappe:
Lüsens – Franz Senn-Hütte

Höhenmeter: 1180 Hm Aufstieg, 660 Hm Abstieg
Zeit: 5 Std.
Wegverlauf: Vom Alpengasthof Lüsens auf der Almstraße leicht steigend kurz taleinwärts (besch., Weg 132) ins Fernautal, nach ca. 300 m aber schon nach links abzweigen auf einen Wanderweg (besch., 132). Dieser führt zunächst den steilen Hang hinauf zu einer Verzweigung Potsdamer Hütte – Franz-Senn-Hütte, hier rechts und schließlich auf einem langen Stück höhengleich Richtung Großes Horntal. Dabei werden einige Bachgräben gequert, einmal ist eine kurze Felsplatte versichert. Das Große Horntal geht es immer links des Baches hinauf und zuletzt über Schutt ins Horntaler Joch (2812 m, 3 ½ Std., markiert). Von der Scharte führt der Weg beschildert (132) hinunter ins Oberbergtal. In wechselnder Steilheit steigt man ab, bis von links der Weg 117 von der Starkenburger Hütte einmündet (besch.), nun gemeinsam rechts hinunter zur Franz-Senn-Hütte (2149 m, Einkehr, Übernachtung, 1 ½ Std.), die man über eine weitere Verzweigung (rechts zum Rinnensee) schon bald erreicht.

Gipfeloption: Schafgrübler (2921 m): Aus dem Horntaler Joch, ½ Std. Aufstieg, Blockgelände. Rinnenspitze (3003 m): Von der Franz-Senn-Hütte über den Rinnensee in 2 ½ Std., zuletzt versicherter Steig, schwierig.

Übernachtung: Franz-Senn-Hütte, Tel.: +43/(0)5226/2218, 180 Plätze

5. Etappe:
Franz-Senn-Hütte – Sulzenauhütte

Höhenmeter: 1240 Hm Aufstieg, 1580 Hm Abstieg
Zeit: 7:45 Std.
Wegverlauf: Von der Franz-Senn-Hütte hält man sich auf dem Weg Richtung Schrimmennieder (besch., Weg 133) und Neue Regensburger Hütte, der bei einer Verzweigung in Rufweite der Hütte links in östliche Richtung leitet. Nach einer langen Querung gelangt man schließlich in die Platzengrube, hier geht es über Blockwerk einige Karterrassen hinauf, bis man links ausholend in die breite Scharte des Schrimmennieders (2714 m, 2 Std.) gelangt. Auf dem Weg 133 geht es in gutmütigen Serpentinen hinunter Richtung Regensburger Hütte (besch.). Nach Blockgelände und einem Rücken kommt man zu einer Verzweigung, an der man sich rechts hält (Weg 133) und zur bereits sichtbaren Regensburger Hütte (2287 m, Einkehr, Übernachtung, 1 ¼ Std.) quert.

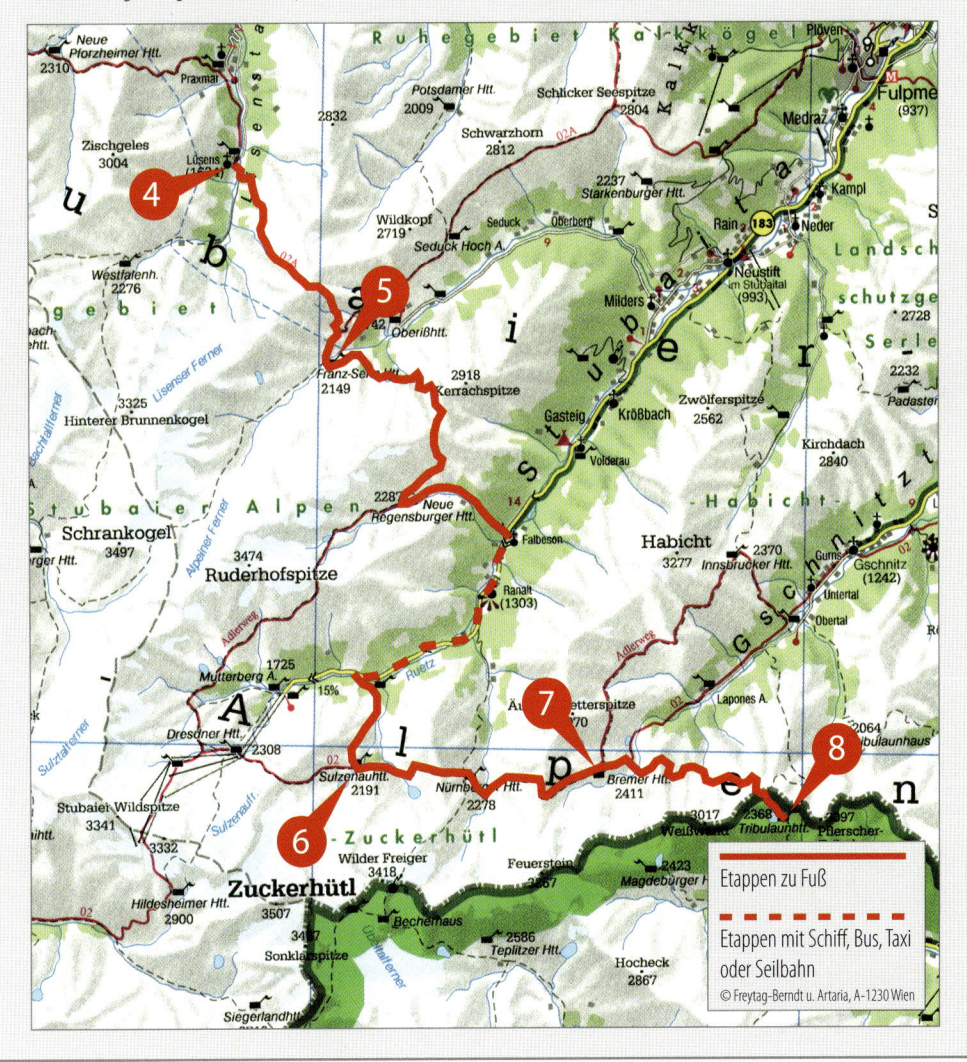

Auf dem Hüttenweg der Regensburger Hütte (besch.) steigt man in einigen Serpentinen ab – ein lohnender Abstecher ist nach einigen Minuten der Weg rechts hinüber zum Falbesoner Wasserfall (beschildert) –, dann führt der Weg bequem durch den Talgrund zur Ochsenalm (1822 m, Einkehr). Von hier kurz auf der Almstraße, bis der Wanderweg links anfangs kurz leicht steigend abzweigt nach Falbeson und teils zügig, teils in flacher Weganlage ins Tal führt. Die Almstraße wird dabei mehrmals gequert, kurz folgt der Weg auch der Forststraße (besch.), zuletzt rechts hinab (besch. Bushaltestelle, Waldcafé). Am Waldcafé (1210 m, Einkehr, Übernachtung, 2 ¼ Std.) über die Brücke und zur Bushaltestelle direkt hier an der Straße. Mit dem Bus durchs Unterbergtal zum Hüttenparkplatz der Sulzenauhütte. Busverbindung: 8:24, 9:43, 10:58, 12:18, 13:18 (Mo - Sa), 13:54 (Mo - Fr an Schultagen), 14:18, 15:18 (Mo - Sa), 16:18, 17:18.

Am Hüttenparkplatz (1590 m) geht es über die Brücke und hier sogleich links zum Grawawasserfall hinab (beschildert, Weg 135). (Auch der rechts hinaufleitende Hüttenweg zur Sulzenauhütte ist möglich, aber damit versäumt man den Wasserfall.) An der Basis des Grawawasserfalls (besch. Sulzenauhütte) zweigt rechts ein schmaler neuer Steig ab, der über drei Aussichtsplattformen und im Anschluss über steiles, mooriges Waldgelände hinaufleitet zum Hüttenweg. Auf diesen trifft man kurz vor der Materialseilbahn, nun geht es flach zur Sulzenaualm (1850 m, Einkehr, Übernachtung, 1 ¼ Std.). Weiter in den Talboden zu einer Verzweigung, an der man entweder rechts auf dem alten Hüttenweg aufsteigt oder links an den Wasserfall des Sulzaubachs heran und dann rechts zum Hüttenweg ausquert. Weiter geht es noch mit wenig Höhengewinn zur Sulzenauhütte (2191 m, Einkehr, Übernachtung, 1 Std.).

Gipfeloption: Großer Trögler (2902 m): von der Sulzenauhütte auf besch. Weg in 1 ½ - 2 Std.
Übernachtung: Neue Regensburger Hütte, Tel.: +43/(0)664/4065688, 83 Plätze; Waldcafé Knoflach, Tel.: +43/(0)5226/3144; Sulzenaualm, Tel.: +43/(0)5226/2494; Sulzenauhütte, Tel.: +43/(0)5226/2432, 140 Plätze

6. Etappe:
Sulzenauhütte – Bremer Hütte

Höhenmeter: 1070 Hm Aufstieg, 850 Hm Abstieg
Zeit: 5:15 Std.
Wegverlauf: Von der Sulzenauhütte geht es in östlicher Richtung schon gleich über den Bach (besch.) und über Kuppen und Moränengelände hinauf zum Grünausee (2328 m, ½ Std.). Auf der Kuppe über dem Grünausee verzweigt sich der Weg, auf dem linken steigt man weiter (besch.) bis zu einer nächsten Hangverflachung, wo nun der rechte Weg zum Niederl weitergeht (besch.). Der Übergang ist bereits als tiefste Scharte mit Kreuz erkennbar. Mit drei Serpentinen geht es auf schmalem, ausgesetzten Steig ins Niederl (2629 m, zuletzt drahtseilversichert, 1 Std.). Von der Scharte führt der markierte Steig rechts (drahtseilversichert) um eine Geländekante herum und durch Blockwerk hinab zur Nürnberger Hütte (2278 m, Einkehr, Übernachtung, ¾ Std.). Der Abstieg weist nochmals ein paar versicherte Stellen auf (jeweils wenige Meter).
Von der Nürnberger Hütte sogleich kurz ansteigen Richtung Bremer Hütte/Feuersteine (besch., Weg 102) und über Gletscherschliffplatten im Auf und Ab zu einer Verzweigung, an der man sich links leicht hinab über Gletscherschliff hält (besch.). Der Weg zum Bach hinunter ist nochmals an ein paar Stellen kurz versichert, hier über die Holzbrücke (2220 m, ½ Std.) und jenseits – immer wieder kurz versichert, am längsten gleich nach dem Bach auf ca. 30 m – in ein Hochkar hinauf. Dieses wird ausgequert, teils über Platten, teils über Tälchen, hinauf bis ins Geröllkar. Links ausholend an den Felsansatz, über diesen auf ein paar Meter versichert hinauf, dann unschwierig über Geröll zum bereits von unten sichtbaren alten Zollhaus im Simmingjöchl (2754 m, 1 ¾ Std.). Jenseits leitet der Steig steil auf ca. 40 Hm seilversichert hinab, ab hier geht es über Blockgelände und bald über Wiesen höhengleich hinüber zur Bremer Hütte (2411 m, Einkehr, Übernachtung, ¾ Std.).
Übernachtung: Nürnberger Hütte, Tel.: +43/(0)5226/2492, 136 Plätze; Bremer Hütte, Tel.: +43/(0)664/4605831, 70 Plätze

7. Etappe:
Bremer Hütte – Tribulaunhütte

Höhenmeter: 690 Hm Aufstieg, 730 Hm Abstieg
Zeit: 5 Std.
Wegverlauf: Von der Bremer Hütte geht es talauswärts auf dem beschilderten Hüttenweg Richtung Tribulaunhütte, dabei verzweigt sich der Weg wenige Minuten hinter der Hütte, und man hält sich geradeaus auf dem Talweg (links Innsbrucker Hütte). Über Gletscherschliff und kleine Seen gelangt man zu einer weiteren Verzweigung noch im Hangbereich, hier hält man sich rechts (besch.). Leicht rechts haltend geht es auf einem nur noch schmalen Wiesensteig (aber gut markiert) zum Bach hinunter, dieser wird auf einer Holzbrücke (2150 m, ½ Std.) überquert, auf der anderen Bachseite weiter talauswärts. Um den Nordgrat der Schafkampspitze geht es durch steiles Gelände ansteigend herum (mit Krampen und Drahtseil versichert, auf 3 m gerade hinauf, dann steil und morastig). Das anschließende Kühbergkar wird komplett ausgegangen, der Weg verliert dabei immer wieder an Höhe, um schwieriges Gelände zu umgehen, steigt schließlich aber an, quert eine letzte Rippe kurz auf sehr schmalem Steig und führt dann steil hinauf in einen Sattel. Der Weg geht weiter in ein steiniges Joch, von dem man schön auf die Tribulaune sieht. Hier nicht höhengleich hinüber ins nahe Sandesjöchl/Pflerscher Scharte (2599 m, 3 ¾ Std.), sondern zuerst links haltend ein Stück hinab, bis man auf den Aufstieg aus dem Talboden trifft, nun gemeinsam hinauf in die breite Scharte.
Auf der anderen Seite auf gutem Weg hinunter zur italienischen Tribulaunhütte (2373 m, Einkehr, Übernachtung, ½ Std.) am Sandessee (Weg 7).
Übernachtung: Tribulaunhütte, Tel.: +39/(0)472/632470, 37 Plätze, Anfang Juli - Ende September geöffnet

8. Etappe:
Tribulaunhütte – Penser Joch

Höhenmeter: 1530 Hm Aufstieg, 1390 Hm Abstieg
Zeit: 8:15 Std.
Wegverlauf: An der Tribulaunhütte auf dem Hüttenweg talauswärts, bis man ins Blockfeld unter dem Pflerscher Tribulaun kommt, hier an einer Wegverzweigung auf dem Weg 8 rechts hinab ins Pflerscher Tal. Hier kommt man kurz vor Erreichen des Talgrundes an eine Verzweigung (rechts Magdeburger Hütte/Ochsenalm), man hält sich links und bleibt nun immer auf dem linken, oberen Weg (nicht hinab zur Brücke) und quert so oberhalb der Wiesen von Stein zu einem schönen Wasserfall. Der Weg führt hier zu einer Straße hinunter, links und vor dem nächsten Gehöft rechts hinab (unbesch.) zum Hotel Feuerstein. Auf der Zufahrtsstraße nach Innerpflersch/St. Anton (1246 m,

2 ¼ Std.) und mit dem Bus nach Sterzing, Verbindung: 6:20, 7:10, 8:30 jeweils Mo - Fr, 9:30 tgl., 11:30 Mo - Fr, 12:45 tgl., 13:45, 14:30, 16:30 jeweils Mo - Fr, 17:30 tgl., 18:30 Mo - Fr. Vom Bahnhof in Sterzing (948 m) mit der Buslinie Ratschings bis Gasteig. In Gasteig (970 m) links in den Koflweg (Nr. 14/15) und sogleich über den Bach. An einer Straßenkreuzung geradeaus und hinauf zur Asphaltstraße nach Außerrust/Gospeneid. In sechs Serpentinen geht es zu den Weilern von Gospeneid, dazu zweimal rechts abzweigen (nach der 2. Kehre unbeschildert, dann beschildert). Nach Gospeneid (1469 m, 1 ½ Std.) am Waldrand auf dem oberen Wanderweg (besch.) in den Wald und am Bach entlang ins Almgelände. Hier quert man nach links zu einem Viehunterstand und steigt immer auf der linken Seite eines kleinen Baches das Tal hinauf. An einem Gedenkstein vorbei und auf kaum sichtbarem Steig (aber an Felsen gut markiert) hinauf bis zu einer Verflachung vor dem Sattel, wo ein gut sichtbarer Weg nach links ins Gospeneider Joch (2303 m, 2 ½ Std.) hinaufzieht.

Auf dem Weg 15 aussichtsreich unter dem Hühnerspiel hindurch zu einer Scharte und hinab zur Penser-Joch-Straße. In wenigen Minuten auf die Passhöhe zum Alpenrosenhof (2211 m, Einkehr, Übernachtung, 1 ¼ Std.).

Gipfeloption: Zinseler (2422 m) oder Hühnerspiel (2357 m): Jeweils vom Gospeneider Joch in 15 Min. nach links bzw. nach rechts, einfach.

Übernachtung: in Sterzing; Alpenrosenhof am Penser Joch, Tel.: +39/(0)472/647170, 20 Plätze

Einkaufsmöglichkeit: Sterzing

9. Etappe:
Penser Joch – Klausner Hütte

Höhenmeter: 930 Hm Aufstieg, 1220 Hm Abstieg
Zeit: 7:30 Std.
Wegverlauf: Vom Penser Joch in östlicher Richtung (Weg 14A, links der Straße) über kuppiges Gelände auf den Astenberg (2327 m, ½ Std.). In diesem Abschnitt gut auf Markierungen achten. Rechts ausholend hinab und nordseitig um das Niedereck herum zu einer Verzweigung (Weg 13A). Hinunter in das Kar, in südlicher Richtung um eine Rippe herum und einige schöne Kare ausgehen (besch.). Schließlich knickt der Weg im Kar unter dem Tagewaldhorn links ab, und es geht in Serpentinen durch das Blockwerk hinauf in die schmale Hörtlaner Scharte (2646 m, 3 Std.).

Jenseits die steile Flanke hinab zu einer Verzweigung und nochmals kurz durch Felsen hinauf (Versicherungen) auf eine Kuppe direkt vor der schönen Flaggerschartenhütte (2481 m, Einkehr, Übernachtung, ¼ Std.). Von hier in wenigen Minuten hinab zu einer Verzweigung und nach rechts (Weg 13, besch. Latzfonser Kreuz). Immer in südlicher Richtung, zunächst durch Blockgelände zum Tellerjoch (2520 m, ¾ Std.) aufsteigen, dann meist leicht fallend auf einem Höhenweg bis zur Fortschellscharte (2299 m, 2 Std.).

Von der aussichtsreichen Scharte hinab bis zu einer Almstraße, dabei immer der Beschilderung Klausner Hütte folgen. Auf einem Kreuzweg fallend zum Etappenziel Klausner Hütte (1923 m, Einkehr, Übernachtung, 1 Std.).

Übernachtung: Flaggerschartenhütte,
Tel.: +39/(0)471/625251, 40 Plätze;
Klausner Hütte, Tel.: +39/(0)339/7133342, 41 Plätze

10. Etappe:
Klausner Hütte – Brixen

Höhenmeter: 360 Hm Aufstieg, 1720 Hm Abstieg
Zeit: 5:45 Std.
Wegverlauf: Von der Klausner Hütte nach Nordosten und durch den Zirbenwald (Weg 8). Immer in Gehrichtung weiter über schönes Almgelände (Weg 8, besch. Brugger Schupfe), lange am oberen Rand einer Steineinfassung. Schließlich bei einer Verzweigung auf dem linken Weg (Weg 8) und um eine Geländekante herum auf die Südostseite. Steigend zum Radlsee mit der etwas oberhalb stehenden Radlseehütte (2284 m, Einkehr, Übernachtung 1 ¾ Std.). Direkt hinter der Hütte in östlicher Richtung (Weg 8A, besch. Hundskopf) zu einem Kreuz mit schönem Brixenblick, und kurz vorher rechts hinab in die steile Flanke des Hundskopf. Durch den Wald hinunter zur Einmündung von Weg 8. (Hierher länger und flacher auch auf Weg 8 von der Hütte gerade hinab.) Gemeinsam, bis man in einer Tornante auf eine Forststraße trifft, diese bergab zu den Wiesen von Perlunger (ca. 1400 m, 2 Std.), zuletzt auf einem Fußweg (besch.). Kurz auf der Hofzufahrt zur Hauptstraße hinunter, diese lediglich überqueren und durch den Wald hinunter (Weg 8). Zweimal wird die Straße gequert, bis man den Zehrehof erreicht. Unter den Gebäuden schräg links über die Wiese (unscheinbarer Pfad, am unteren Waldrand Markierung an großer Pappel) und durch den Wald zum Plonerhof (Einkehr). Über die Wiese in gleicher Richtung bergab nach Tils (886 m, Einkehr, 1 Std.). Auf markiertem Weg durch den kleinen Ort und nach dem Neuwirt links auf den Cyrillweg (Weg 8A). Lohnender Miniaufstieg zur Kirche (827 m, ¼ Std.) und sodann links auf dem Kreuzweg weiter nach Brixen (560 m, ¾ Std.), das man über eine kleine Autobahnbrücke schon bald erreicht. Nach der Autobahn geradeaus ins Zentrum oder rechts haltend zum Bahnhof.

S. 99: Durch die ruhigen Sarntaler Alpen geht es die letzten drei Tage nach Brixen.

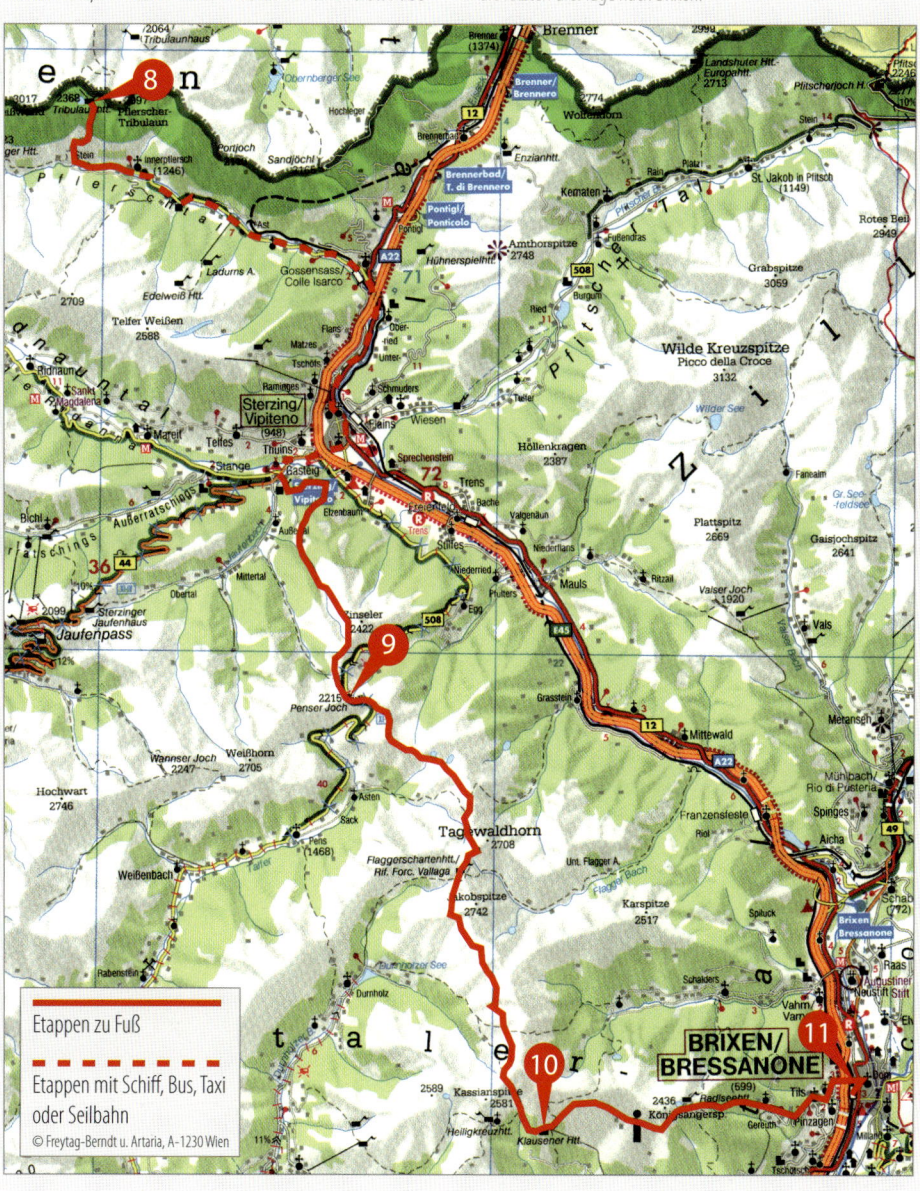

Am Wangenitzsee ist viel Zeit zum Schauen und Träumen eingeplant.

Das Ziel war wichtig gewesen, um den Weg zu erreichen.
Sten Nadolny, Die Entdeckung der Langsamkeit

Von Berchtesgaden nach Lienz – zum Großglockner und weiter

Mit einem landschaftlichen Paukenschlag beginnt die Überquerung des Alpenkamms von Berchtesgaden nach Lienz. In einem der Elektroboote gleiten wir über das tiefgrüne Wasser des Königssees und gehen in St. Bartholomä an Land. Hinter den beiden Türmen der Kirche schießt die Watzmann-Ostwand in den Himmel. 2 100 Höhenmeter ab Bartholomä misst diese höchste Wand der Ostalpen. Welch Augenschmaus zum Auftakt!

So grandios wie die Wanderung einsetzt, so abwechslungsreich geht sie die nächsten neun Tage weiter. Über den Funtensee – bekannt durch den deutschen Kälterekord im Winter – führt sie durch die Kernzone des Nationalparks Berchtesgaden und vorbei am aussichtsreichen Riemannhaus hinab nach Maria Alm. Aus der kargen Wildheit des Steinernen Meeres gelangen wir wieder ins beruhigende Grün der Täler auf der Südseite der Berchtesgadener Alpen. Durch Wälder und Wiesen steigt die Route zu einem der besten Höhenwege der Region an und endet am Statzerhaus. Die Übernachtung hier, am höchsten Gipfel der Salzburger Schieferalpen, gibt uns die Chance auf einen unvergesslichen Sonnenunter- und -aufgang, denn von den Hohen Tauern trennt uns nur noch das Salzachtal. Großglockner und Großes Wiesbachhorn geben die Richtung für die folgenden beiden Wandertage vor.

Berchtesgaden – Lienz

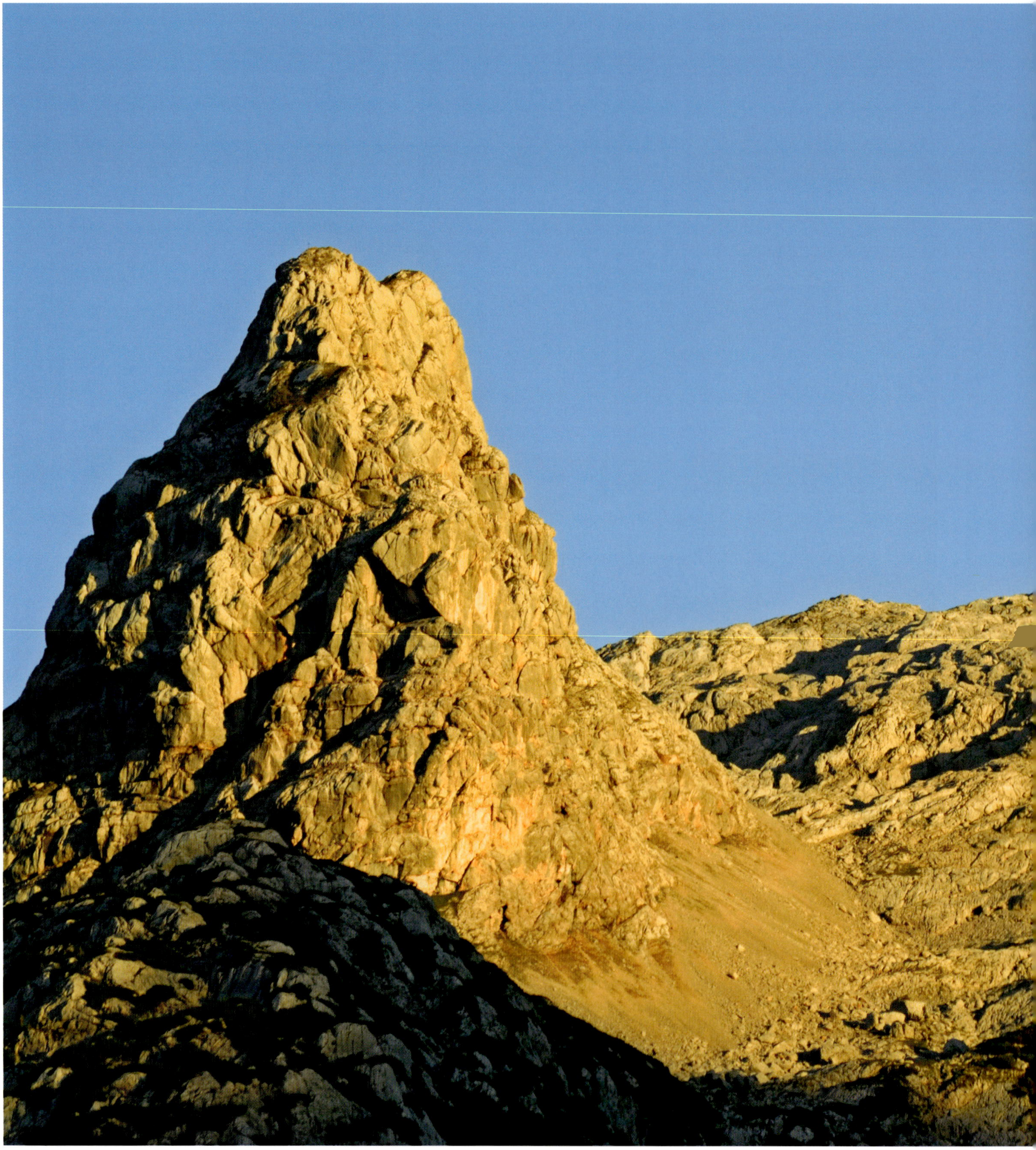

Der lange Abstieg zum Zeller See macht die Dimension der Entfernungen zum nächsten großen Etappenziel deutlich; für die weite Wegstrecke aus dem Salzachtal ins Ferleitental nutzt man daher die öffentlichen Verkehrsmittel. Mit einem Superlativ geht es weiter: Im Käfertal ragen die umgebenden Gipfel in die Höhe wie nirgendwo sonst im Ostalpenraum. Mit 2 400 Metern Höhenunterschied fühlt man sich in den Himalaya versetzt – würde nicht an den Jausenstationen der Topfelstrudel serviert.

Wie ein riesiger Magnet zieht uns der Großglockner nun an. Eine technisch schwierigere Variante mit zwar einfachem, aber spaltigem Gletscherübergang erlaubt den Blick auf die Nordwand des Großglockners direkt über der Pasterze. Die einfache Wanderroute dagegen steigt durch das Käfertal auf, fernab der Hochalpenstraße, durch Murmeltierwiesen und an Gebirgsbächen entlang. Ziel ist in beiden Fällen das Glocknerhaus kurz vor dem Ende der Straße auf die Franz-Josefs-Höhe. Vom Panoramafenster des Glocknerhauses sind es nur noch fünf Kilometer Luftlinie zu Österreichs höchstem Gipfel.

Auf dem schönen Wiener Höhenweg beschreibt der Weg einen Bogen um den Glockner auf dessen Südseite und hinein in die einsame Schobergruppe. Waren es am Glockner die riesigen Dimensionen und die Erhabenheit der Gletscherberge, so sind es in der Schobergruppe die bizarren Felsstrukturen, die Hütten in ihrer prächtigen Lage und immer wieder der Blick zurück zum Glockner und voraus zu den schließlich sichtbaren Lienzer Dolomiten. Vor allem die Wangenitzseehütte zählt zu den Schmankerln der Ostalpen und macht die Wahl des schönsten Übernachtungsplatzes der Tour schwer. Hoch über dem Debanttal leitet der Weg auf der letzten Etappe langsam hinab und führt schließlich nach zehn erfüllten Tagen nach Lienz.

Lienz am Zusammenfluss von Isel und Drau ist eine der ältesten Städte im Alpenraum. Seit über 4 000 Jahren weiß man hier die Gunst des Klimas und die geschützte Lage zu schätzen. Mit etwa 12 000 Einwohnern kombiniert Lienz den Charme einer Kleinstadt mit südlichem Flair, trotz ihrer Bedeutung als größter Osttiroler Ort und ihrer 800-jährigen Stadtgeschichte. Auch wenn uns die Transalp nicht bis zum Mittelmeer gebracht hat – nach neun bis zehn Tagen in der Sonnenstadt Lienz am Marktplatz sitzen, Cappuccino trinken und sich die Sonne ins Gesicht scheinen lassen, da geht ein Traum in Erfüllung.

In der grauen Wunderwelt des Steinernen Meeres

Ein riesiger grauer Ozean tut sich vor uns auf. Steinerne Wellen, Gischt aus grauem Kalk, zwischendrin größere Flutberge aus zerfressener Gesteinsoberfläche im Wechsel mit Tälchen und Plateaus. Das Steinerne Meer hat seinen Namen zu Recht. 100 Quadratkilometer groß und mit bis zu 2 000 Meter mächtigen Gesteinspaketen ausgestattet, macht es wirklich den Eindruck eines Meeres. Und wir schwimmen mittendrin.

Erster Tag

Begonnen hat die Transalp von Berchtesgaden nach Lienz viel farbenfroher und lauter. Der Weg von der Bushaltestelle Königssee zur Schiffsanlegestelle verbreitet Jahrmarktsstimmung. Grillwürstl und Eis, Salzsteinlampen und Dirndl werden da für die 700 000 Besucher jährlich angeboten.
Grün leuchtet uns der Wasserspiegel des Königssees entgegen, und aller Kitsch und Ramsch sind schlagartig vergessen. »Nach Bartholomä. Einfach.« Klingt das nicht verheißungsvoll? Das Elektroboot »Watzmann«, das älteste der Flotte, steht schon bereit, binnen Minuten gleiten wir lautlos übers Grün. »Und die steile Pyramide, die man über dem hinteren Rand des Sees aufragen sieht, ist die Schönfeldspitze, 2 653 Meter hoch. Sie steht schon in Österreich. Zehn bis elf Stunden braucht man, um das Steinerne Meer zu überqueren«, erläutert der Bootsbegleiter. Erwartungsvoll schauen wir uns an. Am liebsten würde ich zum Kapitän vorstürmen und sagen: »Schneller! Wir wollen losgehen. Zur Schönfeldspitze, zum Glockner und weiter nach Lienz.« Aber das geht natürlich nicht. Und außerdem wäre die Beschleunigung nicht sinnvoll, denn je länger der Weg, desto mehr Erlebnisse und desto intensiver die Eindrücke. Also spielen wir das kleine Theaterstück mit, in dem der Bootsbegleiter vom berühmten Echo an der Echowand erzählt. Früher von Böllern ausgelöst, heute durch Trompete oder Flügelhorn. »Falls die Gäste das wünschen sollten. Aber ich nehm an …« Sein Blick impliziert, dass wir gleich alle desinteressiert den Kopf schütteln. Stattdessen grinsen wir mehrheitlich und nicken aufmunternd. »Ja, ich hab's scho' befürchtet«, seufzt er, packt das Horn aus, schüttelt das Mundstück aus – »no' Bier drin, vo' gestern« – und spielt wunderschön.

Schließlich wird die Kirche von St. Bartholomä sichtbar, dieses Atmosphärenwunder, dem selbst der Besucherandrang im Hochsommer nichts an Stimmung nehmen kann. Ohne uns die jüngste Statistik der Toten aus der Watzmann-Ostwand zu präsentieren, wofür ich dankbar bin, entlässt uns der Bootsbegleiter mit einem »Pfüa Gott und an schönen Tag«.

Der schöne Tag hat zwar nur noch ein paar Stunden, trotzdem beginnen wir die Wanderung mit einem Abstecher in die Wallfahrtskirche. Heute ist zufällig Bartholomä, und die schlichte Kirche ist noch vom Gottesdienst geschmückt. Dann erst schlagen wir den Weg am Westufer des Sees ein. Nach wenigen Schritten ist scheinbar eine Sicherheitsschleuse aktiviert, die Ausflügler von Bergsteigern trennt: Keine Minute vom Bootsanleger und wir sind allein. Ein leichter Wind lässt die Blätter rascheln, sonst herrscht Ruhe. Das helle Grün der Gräser, das Flaschengrün des Sees, die dunkelgrünen Bäume und ein unwirklich blauer Himmel. Die riesige Wandflucht der Watzmann-Ostwand spannt sich über dem See auf, fasziniert wandert der Blick über Felsbänder, Schluchten und Schneereste bis hinauf zum Gipfel der Südspitze 2 100 Meter über uns. Auf unserem Aufstieg zum Kärlinger Haus am Funtensee begegnen uns kaum noch Wanderer und die wenigen gleich auf den ersten Serpentinen hinauf in das

S. 102: Die Karstflächen auf dem Steinernen Meer stehen am Anfang.
S. 103: Der Iselturm begrüßt uns am Ziel in Lienz.
S. 104/105: Das Steinerne Meer unter dem Schottmalhorn.
S. 106: Das berühmte Echo vom Königssee.
S. 107: Die ersten Schritte in ein Abenteuer. In St. Bartholomä.

Oberstdorf – Meran

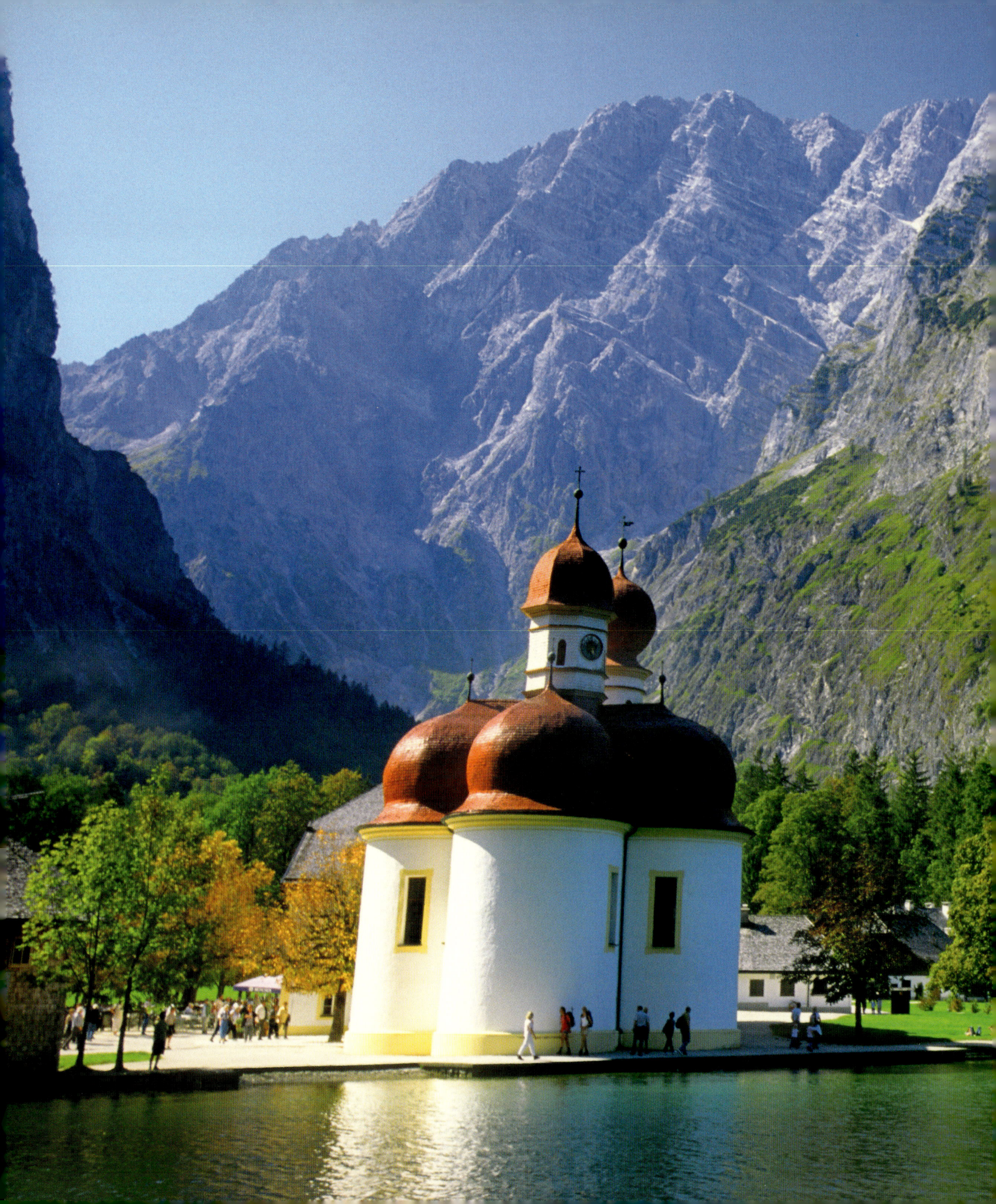

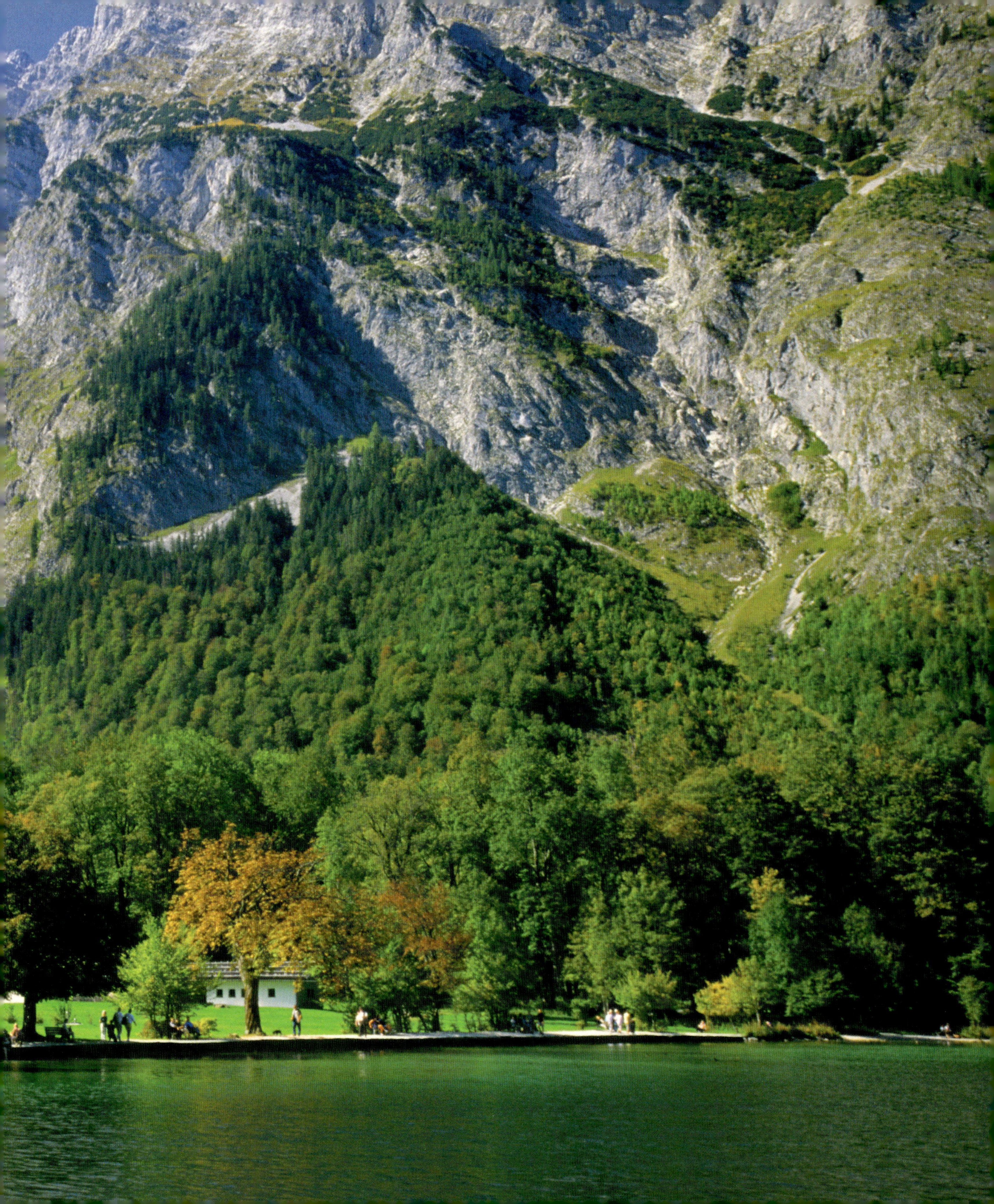

Schrainbachtal. Kein Wunder, am Sonntagspätnachmittag. Der Weg führt zügig hinauf. Überraschend schön zudem. Wir waren ihn schon mehrere Male gegangen, aber immer im Abstieg, immer im Frühjahr, in Skistiefeln, mit schwerem Rucksack und noch schwereren Füßen.

Eine alte Diensthütte markiert den Beginn des Hochtals zwischen dem Simetsberg und den Hachelköpfen. Gespenstisch lautlos ist es hier, windstill, doch kühl. Hunderte von Grüntönen sind im Halbschatten miteinander verwoben. Zwischen den hohen Wänden, die das Tal begrenzen, spitzt nur ein schmaler Streifen Himmel hindurch. Man fühlt sich um Jahrtausende zurückversetzt, so ohne Handyklingeln, Verkehrsgeräusche und Flugzeugstreifen am Himmel. Selbst der winzige Zaunkönig, der kurz neben dem Steig von Ast zu Ast hüpft, erzeugt keinen Laut.

Auf der Karte sieht er aus wie eine Herzfrequenzlinie: der Weg durch die Saugasse. Schon von unten ist klar, dass nun ein »tierisches Vergnügen« ansteht. Bei der dreißigsten Serpentine höre ich auf zu zählen. Nimmt denn die Saugasse nie ein Ende? Später am Kärlinger Haus wird uns klar, dass wir doch arge Weicheier sind, als wir in der Stube vom letzten Lastenträger des Kärlinger Hauses lesen, der jahrelang Tag für Tag eine 1 ½-Zentner-Kraxe hier heraufschleppte und einmal sogar einen Herd mit 2 ½ Zentnern von Bartholomä trug. Nein – heutzutage sollte das »optimale Gewicht« für das Gepäck deutlich niedriger liegen. Die Faustregel sagt: bei Frauen nicht über acht, bei

Männern nicht über zehn Kilogramm. Daran haben wir uns gehalten. Gott sei Dank, denn ich hätte das verbleibende Rucksackvolumen sicher mit Proviant aufgefüllt und jetzt auf der Hütte statt der leckeren Kartoffeltaschen mit Schwammerl und dem Germknödel mit Vanillesoße die belegten Brote von zu Hause auspacken müssen.

Zweiter Tag

−45,9 °C haben den Funtensee weit über Berchtesgaden hinaus bekannt gemacht. Den deutschen Kälterekord schaffte der See im Dezember 2001 durch seine Höhenlage auf 1 600 Metern und durch die Tatsache, dass er in einem eisigen Becken liegt. Wer am Morgen vom Kärlinger Haus Richtung Riemannhaus startet, wandert gleich hinab in dieses Eisbecken, folgt dem Seeufer und steigt jenseits über die große Wiesenfläche auf. Als Alm wird das Gelände um den Funtensee nicht mehr genutzt, diese Zeiten sind vorbei, obwohl hier eine der ältesten Almen in den Berchtesgadener Alpen liegt. Seit dem 14. Jahrhundert wurde die Funtenseealm nachweislich mit Tieren bestoßen.

S. 108/109: Über St. Bartholomä ragt die Watzmann-Ostwand auf, die höchste Wand der Ostalpen.
S. 110 links: Das große Kärlinger Haus im Herzen des Nationalparks.
S. 110 rechts: Das kecke Horn der Schönfeldspitze am südlichen Rand des Steinernen Meeres.
S. 111: Der Funtensee in seinem unwirklichen Blaugrün.

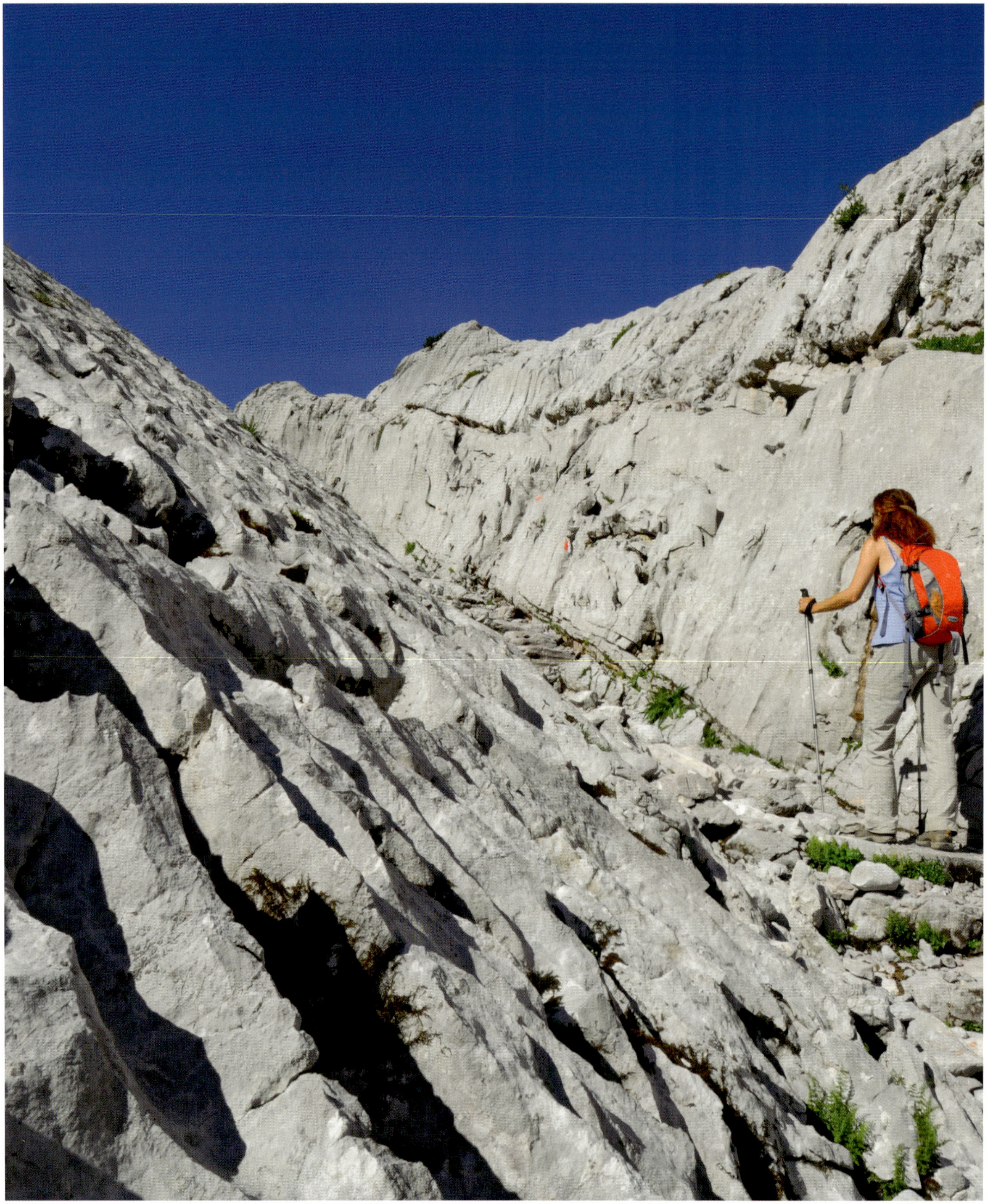

Minusgrade hat es heute zwar nicht, trotzdem liegt über dem See eine eisige Nebelsuppe. Wir sind froh, ihr rasch zu entkommen und durch die taunassen Gräser aufzusteigen zur eigentlichen Attraktion des zweiten Tages. Allmählich wird die Vegetation spärlicher, die Grauanteile der Landschaft nehmen zu, bis wir schließlich in der grauen Wunderwelt des Steinernen Meeres stehen. Obwohl die Überquerung des Plateaus keine zwei Stunden in Anspruch nimmt, hinterlässt sie doch bleibenden Eindruck. Die Landschaft ist auch für den berggewohnten Wanderer so andersartig, so eintönig grau und dennoch so abwechslungsreich und vielgestaltig. Die einzige wirklich gewohnte Form ist die Schönfeldspitze. Die markante Pyramide dient als Orientierungshilfe, an ihr müssen wir rechts vorbei, um zum Riemannhaus zu gelangen.

Gleich zwei neue Farben werden am Riemannhaus angemischt: das Pastellgrün des dunstigen Talgrundes und das Hellgelb der Felsmauer Sommerstein. Das Auge pendelt hin und her, pendelt zwischen der faszinierenden Senkrechten der Felsen und dem beruhigenden Anblick der Kulturlandschaft unter uns. Das Riemannhaus steht auf einem wirklichen Aussichtsbalkon, direkt in der breiten Scharte zwischen Breithorn und Sommerstein. Es blickt hinunter nach Maria Alm und Saalfelden und hinüber in die Tauern – von den Niederen Tauern über das Wiesbachhorn bis zum Großvenediger.

Die exponierte Lage kommt auch durch den steilen Abbruch des Steinernen Meeres nach Süden zustande. Über diesen Abbruch führt der Hüttenweg hinunter. In steilen Serpentinen, teils auf Treppenstufen und freundlicherweise mit einem Handlauf gesichert, windet sich der Steig hinab ins Kar. Hinab, hinab, hinab bis zu den blumengeschmückten Höfen in Maria Alm.

S. 112: Grau ist die Farbe des zweiten Tages.
Bei der Überquerung des Steinernen Meeres.
S. 113: Überlebenskünstler Eisenhut.

Über die grünen Berge der Salzburger Schieferalpen
Dritter Tag

Längst sind wir wieder im Grünen, haben die karge Welt des Berchtesgadener Karstplateaus verlassen. Wohltuendes Grün regiert ringsum, es ist umso erholsamer, je mehr gestern die Sonne über der felsigen Ödnis brannte. Von Maria Alm gilt es die Salzburger Schieferberge zu überqueren. Salzburger Schieferberge – von Salzburg sind sie weit entfernt, weiter als die vorangegangene Etappe. Auch dass sie schiefrig sind, wird der Laie kaum erkennen. Charakteristisch ist jedoch, dass sie – wegen des geologischen Aufbaus – viel niedriger sind als ihre Nachbarn im Norden und Süden. Der höchste Salzburger Schieferberg, der Hundstein (2117 Meter), wird das heutige Ziel. Direkt am Gipfel steht das aussichtsreiche Statzerhaus. Im Winter reicht das Skigebiet im Norden bis auf 200 Höhenmeter an den Hundstein heran, im Sommer ist nur einer der Lifte in Betrieb, und selbst der hilft uns nicht weiter. Unsere Wanderung folgt nämlich dem großen, hufeisenförmigen Höhenzug, der von Schwalbenwand, Schönwieskopf, Ochsenkopf, Hundstein und Langeck gebildet wird.

An den letzten Höfen geht es vorbei. Schon ein Stück unter uns liegt Maria Alm im Talkessel. Stolz können wir auf den »Knieschnackler« zurückblicken vom Riemannhaus ins Tal. Jetzt erst wird deutlich, welch gewaltige Ausmaße die Südabstürze des Steinernen Meeres haben. Am Persailhorn über Saalfelden angefangen bis zum Brandhorn ganz im Osten. Aber damit nicht genug, nach Osten schließt der ganze Hochkönigstock an, und dessen Südwände sind nicht minder

steil und sogar noch höher. Mit 2 941 Metern ist der Hochkönig mit dem Matrashaus, das für uns an klaren Tagen deutlich sichtbar ist, der höchste Gipfel der Berchtesgadener Alpen.
Der Hauptteil des heutigen Aufstiegs geht durch die dicht bewaldete Nordflanke der Schwalbenwand. Lange Zeit auf einer Forststraße – immerhin gewinnt man rasch an Höhe –, dann auf weichem Waldboden. Es fühlt sich an, als wären Sprungfedern in die Schuhe eingebaut, während der Schuster übers Steinerne Meer mit Bleiklötzen gearbeitet hat.
Heidelbeersträucher führen in süße Versuchung, Schwammerl lugen unter dem Moos hervor. Ein Eichelhäher fliegt schimpfend auf. Lang geht es so hinauf, dann aber kommt man an eine Kuppe, eine Wiese liegt vor uns, und der Weiterweg wird deutlich: Weit, weit im Südosten steht ein Gipfel mit einem Haus. Das ist es. Viel zu weit weg, mir tun die Füße weh beim bloßen Gedanken daran, dass wir noch so viel gehen müssen. Heute sind die meisten Aufstiegshöhenmeter der Tour zu bewältigen!
Doch eine knappe Stunde später ist auf der Schwalbenwand Gipfelrast. Gibt es einen schöneren Gipfel? Fernblicke rundum. Natürlich nochmals das Steinerne Meer und der Hochkönig. Daran anschließend aber die Silhouette des Dachsteins und die Niederen Tauern. Auf der anderen Seite Saalfeldens sieht man die Leoganger Steinberge mit dem Birnhorn. Nicht losreißen können wir uns aber von der Kulisse im Süden. Hier warten die Hohen Tauern. Hier liegen unsere nächsten Ziele. Nach anfänglicher Begeisterung über die imposanten Berggestalten taucht schnell die Frage nach einem möglichen Übergang auf. Nirgendwo auf unserer Tour ist es so eindrucksvoll deutlich, welch

gewaltige Barriere den Weg in den Süden versperrt. Wie muss das wohl gewesen sein, als es noch keine Glockner-Hochalpenstraße, keinen Felbertauerntunnel, keine Böcksteinverladung gab? Auch keine Römerstraße, keinen Saumpfad? Da schrumpft unser Abenteuer Transalp doch wieder zusammen auf das, was es eigentlich ist: ein klitzekleiner Ausbruch aus der Welt der Airbags, Firewalls und Grippeschutzimpfungen. Zehn Tage auf eigenen Füßen, mit Freunden oder allein, am Ende des Tages aber mit einem Dach über dem Kopf, einer heißen Suppe im Bauch und einer flauschigen Decke über den Schultern. Keine Angst, die Fernblicke bleiben, der Rucksack drückt

S. 114/115: Das Grau von Steinernem Meer und Hochkönig im Rückblick von der Schwalbenwand.
S. 116: Die vergletscherte Barriere von Großem Wiesbachhorn & Co. An der Schwalbenwand.
S. 117: Pause vor dem Hundstein mit Blick zurück zum Hochkönig.

trotzdem, und in Lienz am Stadtplatz wird man froh und stolz sein, die Alpenüberquerung geschafft zu haben. Und mit Recht!

Die nächsten Stunden vergehen im Auf und Ab. Im Schauen und Staunen, wie schön doch die Welt sein kann. Wir gehen auf die Gletscher der Tauern zu, der Weg ist breit genug für Schuhgröße 48, der Geländerücken gutmütig, und trotzdem hat man immer das Gefühl, auf einem luftigen Grat zu spazieren. Nur eben ohne Absturzangst. Was unter der Schwalbenwand wie ein ewig langer Weiterweg aussah, wünschen wir uns nun länger und länger. Aber das Statzerhaus rückt näher, daran lässt sich nichts ändern, auch wenn wir noch so oft stehen bleiben, Pause machen, hinausschauen ins weite Land, den Föhnzirren zuschauen. Wenn es doch ewig so weiterginge! Doch dann trennt uns nur noch ein letzter Hang vom Ziel. Ein Trost bleibt: Sonnenuntergang und Sonnenaufgang am Statzerhaus. Mit Tauernblick.

Berchtesgaden – Lienz 117

Vierter Tag

Der Abschied vom Aussichtsthron Hundstein mag schwerfallen, aber am nächsten Morgen geht es weiter. Der lange Abstieg über den Thumersbacher Kammweg nach Bruck nimmt den ganzen Vormittag in Anspruch. Über lange Zeit können wir auf der Almstraße bequem nebeneinander wandern und uns über Bisheriges und – vor allem – über Kommendes austauschen. Die grandiose Sicht schwindet mit jedem Höhenmeter, den wir absteigen, und wird erst weiter unten von dem Tiefblick auf den Zeller See und das Salzachtal abgelöst. Nicht nur die Höhenmeter summieren sich, auch die Strecke beträgt gute zwölf Kilometer. Schließlich aber kommen wir an den ersten Höfen vorbei, bald passieren wir den Taxhof, ein beliebtes Restaurant, scheuchen die letzten Eichelhäher auf und biegen in den Hohlweg nach Bruck ein. Am Kirchplatz scheint der Bus schon auf uns gewartet zu haben, es bleibt kaum Zeit sich umzusehen. Andererseits sind wir auf den Transfer mit öffentlichen Verkehrsmitteln angewiesen, denn eine vernünftige Wanderroute hinauf zur Mautstelle Ferleiten gibt es nicht, wenn wir bei unserer Zeitvorgabe »zehn Tage« bleiben möchten.

Die weißen Gletscherriesen der Hohen Tauern

Steinadler, Gänse- und Bartgeier, Steinbock und Gämse – der Nationalpark Hohe Tauern wirbt mit allen »Großen Fünf« der Alpen. Mit ein wenig Glück könnten wir ihnen auf unserem Weg begegnen. An jedem Tag einem der »Großen Fünf«, und es würde genau aufgehen, bis wir den Park kurz vor Lienz wieder verlassen. Die Hohen Tauern sind mit 1 836 Quadratkilometern der größte Nationalpark der Alpen und das älteste derartige Schutzgebiet in Österreich. Die drei Bundesländer Tirol, Salzburg und Kärnten haben Anteil daran. Wirklich betreten werden wir den Park allerdings erst morgen, denn das Käfertal, das von Ferleiten nach Süden zieht, ist zwar von drei Seiten vom Schutzgebiet eingeschlossen, zählt aber selbst nicht dazu. Natürlich profitiert man trotzdem schon von der grandiosen Landschaft. Ja, nirgendwo sonst in den Ostalpen sollen die Gipfel so hoch übers Tal aufragen wie im Käfertal. 2400 Höhenmeter schießen die Flanken des Großen Wiesbachhorns hinauf, und das auf nur vier Kilometern Luftlinie. Dabei ist das Wiesbachhorn nur einer von einer ganzen Reihe von Dreitausendern, die das Tal säumen: Bratschenkopf, Klockerin, Hohe Dock, Breitkopf, Fuscherkarkopf, Sonnenwelleck, Spielmann … Das Große Wiesbachhorn, 3564 Meter, ist der höchste dieser Gipfel, und es erstaunt nicht, dass es lange Zeit sogar für den höchsten Tauernberg gehalten wurde. Vom Salzachtal aus gesehen, steht es einfach in vorderster Linie und wirkt damit dominanter sogar als der gut 200 Meter höhere Großglockner.

Doch jetzt gehen wir endlich los. Wir folgen von Ferleiten der Almstraße ins Käfertal, immer am Ufer der Fuscher Ache entlang. Flach geht es dahin, ab und zu laden Infotafeln dazu ein, sich über die Naturbesonderheiten zu informieren. Über die autochthone Urforelle etwa und das Fliegenfischen.

Der Weg hält auf den Talschluss zu, wo die Untere Pfandlscharte die niedrigste und gleichzeitig auch

S. 118: Am Statzerhaus: Morgenrot über Dachstein und Niederen Tauern.
S. 119: Dann folgt der lange Abstieg Richtung Zeller See.
S. 120/121: Eine wackelige Brücke auf der Wegstrecke über die Schwarzenberghütte.

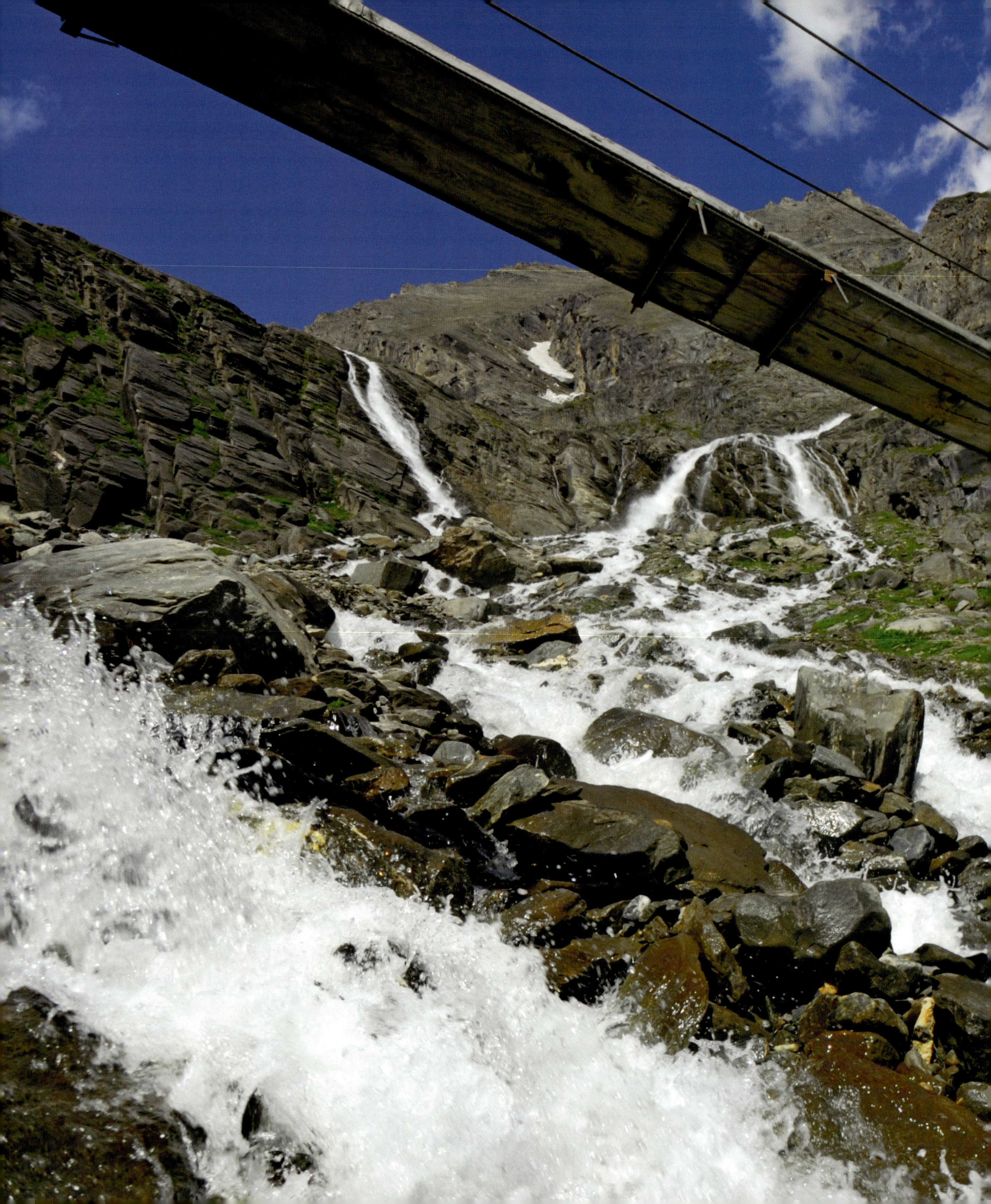

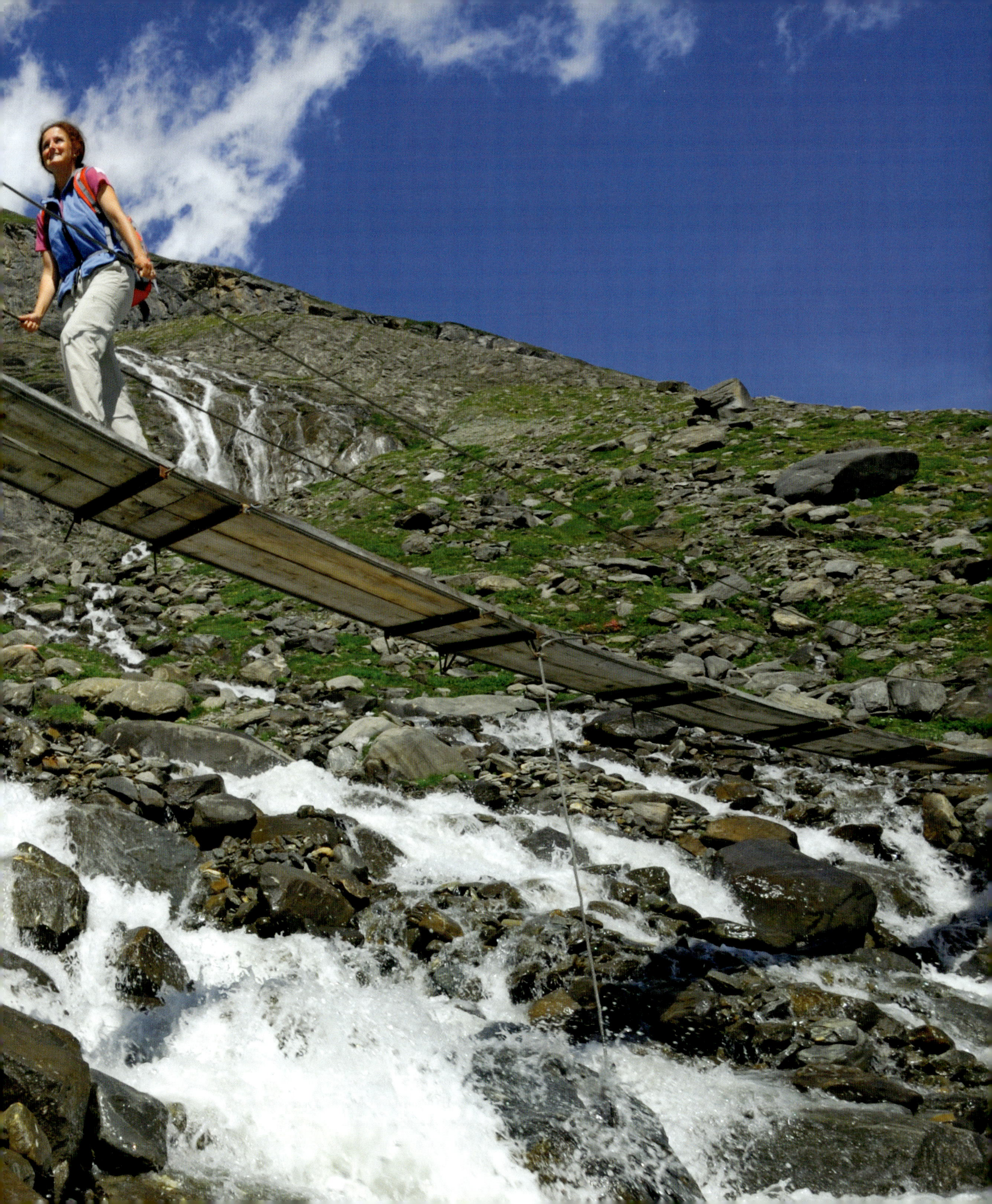

einfachste Passage zur Pasterze darstellt. Zwar gibt es einen Übergang, der noch zentraler verläuft und landschaftlich nicht zu überbieten ist, der allerdings Gletschererfahrung voraussetzt und für den man komplette Eisausrüstung benötigt. Gemeint ist die Bockkarscharte. Wer gewillt ist, die zusätzliche Ausrüstung (Gurt, Seil etc.) mitzutragen, oder wer vielleicht auf ein Begleitfahrzeug zurückgreifen kann, soll sich den Aufstieg zur Schwarzenberghütte aus dem Käfertal nicht entgehen lassen: Blumenwiesen, ein wilder Wasserfall, die gleichförmige, rotbraune Schrofenwand des Bratschenkopfes hoch oben, dann das schnuckelig kleine Gebäude der Schwarzenberghütte, wo man statt der Trauneralm übernachtet. Am nächsten Tag dann geht es unter der Hohen Dock hindurch, über Schneefelder in das wilde Remsschartl. Der anschließende Hohe Gang ist eine luftige Querung über den Abbrüchen ins Käfertal, dann steigt man aufs Bockkarkees, einen zwischen Hohem Dock, Bärenköpfen und Breitkopf eingelagerten Gletscher. Steil ist das Eis nicht, aber für etliche Spalten reicht es allemal, und selbst in der Bockkarscharte geht es mit Eis unter den Füßen weiter: über den Wasserfallwinkel, einen weiteren kleinen Gletscher, hinunter zum Gamsgrubenweg. Die Blicke sind dafür wunderbar: Der Großglockner von seiner imposanten Nordseite und der Gletscherstrom der Pasterze sind natürlich der Blickfang.

Von diesem Blick träumen wir heute während des Aufstiegs zur Trauneralm. Immerhin, Gletscher sehen wir auch, der wildeste bricht östlich des Wiesbachhorns ins Käfertal herunter: das Sandbodenkees. Schließlich, nach zwei Stunden, sind wir an der Traueralm und haben damit die größte Distanz zurückgelegt – die meisten Höhenmeter auf dem Weg zur Pfandlscharte bleiben uns morgen noch.

Fünfter Tag

»Nationalpark Außenzone« prangt in großen Buchstaben auf dem Schild, keine Viertelstunde von der Traueralm entfernt. »Jochbummeln im Park« witzeln wir über das heutige Tagesprogramm. Ein bisschen Galgenhumor ist dabei, denn das Joch ist immerhin ein Übergang auf 2 665 Metern und der »Park« hat einen 3 798 Meter hohen Gipfel ... Auf den Glockner steigen wir zwar nicht, aber über ein langes Schneefeld führt auch unser Weg.

Saftige Wiesen, im Tal das Bimmeln der Kuhglocken und eine wunderbare Aussicht auf die Dreitausenderriege vom Wiesbachhorn bis zum Sonnenwelleck begleiten uns. Drüben unter dem Bratschenkopf kann man auf einer Wiesenterrasse die Schwarzenberghütte sehen. An einem kleinen Wasserlauf liest man »Späherbrünnl, 2 295 m«, doch das ist Stunden später. Nach einer Kuppe öffnet sich ein Hochkar, das Firnfeld leitet auf die Scharte zu. Von unten sieht es steil aus, später stellen wir erleichtert fest, dass der Schnee weich und gut zu begehen ist. Gott sei Dank, denn im Geröllfeld rechts steckt zwar ab und zu eine Markierungsstange, einen Weg gibt es aber nicht, und die Umgehung des Firns

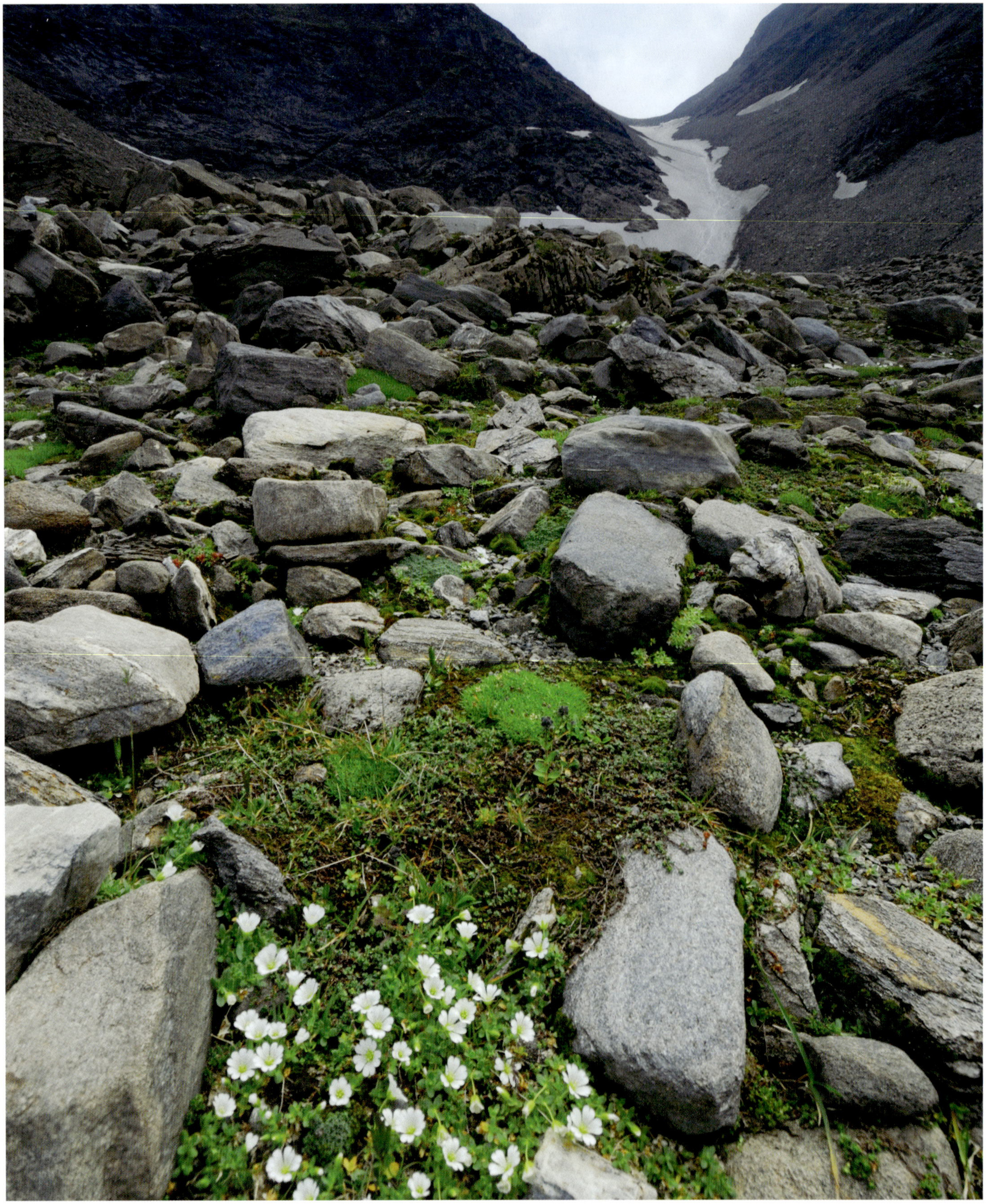

im losen Schutt wäre anstrengend. Zweifellos liegt hier eine Schlüsselstelle dieser Transalp.

Dann ist der ersehnte höchste Punkt, die Untere Pfandlscharte, schon ganz nah. Nebel ist inzwischen von der Südseite eingefallen, man sieht nur noch ein paar Meter. Aber da steht ja ein großes Schild, es wird den Weiterweg weisen. »Nationalpark Hohe Tauern« steht darauf. Wer hätte das gedacht?

Felsschutt in allen Farben und Polsterpflanzen sind zu sehen, den Glocknerblick schluckt der Nebel. Doch nach einem Gegenanstieg wird es immer grüner. Und die Murmeltiere scheint das Wetter nicht zu stören. Sie haben das Wiesengelände über dem Glocknerhaus fest im Besitz und pfeifen jeden Wanderer aus, der ihnen zu nahe kommt. Zu den »Großen Fünf« zählen sie zwar nicht, auch wenn sie sich noch so sehr aufrichten, aber dafür sind sie umso putziger!

Am Abend ist Halbzeit auf dem Glocknerhaus. Durch die großen Panoramafenster könnte zum Abendmahl der Glockner hereinschauen, doch das Wetter spielt nicht mit. Stattdessen pieseln graue Regenwolken auf uns herunter. Nur gut, dass wir ein sicheres Dach über dem Kopf haben.

Sechster Tag

»Prachtberg im Tauernhauptkamm … Gerne und oft bestiegen … Prachtansicht des gegenüberstehenden Großglocknermassivs.« Diese Lobeshymne hat Willi End im Alpenvereinsführer für den Fuscherkarkopf gefunden. Wenn wir gestern schon den schwierigeren Übergang über die Bockkarscharte ausgelassen haben, wollen wir den heutigen Tag zumindest als Gipfeltag reservieren. Hier steht man dem Glockner praktisch gegenüber, das muss man auskosten. Und

S. 122/123: Großglockner, Sonnwelleck, Fuscherkarkopf, Bratschenkopf und Wiesbachhorn reihen sich rechts von der Pfandlscharte auf.
S. 124: Die Untere Pfandlscharte, unser Übergang zum Glocknerhaus.
S. 125: Schlechtwettereinbruch in der Glocknergruppe.

das geht nirgends so gut wie am Fuscherkarkopf. Fuscherkarkopf und Glockner wohnen sozusagen in einer Straße, der Glockner in der Dachmansarde, der Fuscherkarkopf gegenüber im dritten Stock. Wer nicht so hoch hinaus will, sollte zumindest aber den einfachen Panoramaweg unter der Gamsgrube begehen.

Vom Glocknerhaus hat man einen guten Ausgangspunkt für den eintägigen Abstecher, in einer guten halben Stunde ist man auf der Franz-Josefs-Höhe. Tief unten schiebt sich hier das Eis der Pasterze durchs Tal. Das war natürlich nicht immer so. Als das Glocknerhaus 1875 eröffnet wurde, heißt es, wäre man »vom Hause weg fast eben« hinübergegangen zur Pasterze.

Jenseits des längsten österreichischen Gletschers thront Österreichs höchster Gipfel. Die heutige Tour beginnt ungewohnt: Durch etliche Tunnels gelangt man zum eigentlichen Gamsgrubenweg. Mit jedem Tunnel wird der Blick besser. Schließlich wird das Gelände flacher, und die Tunnel haben ein Ende. Murmeltiere sausen über den Weg, wir sind scheinbar die ersten Wanderer heute. Nachdem der untere Rand der Gamsgrube passiert ist, zweigt der Pfad zum Fuscherkarkopf ab und gewinnt über die westliche Begrenzungsrippe der Gamsgrube schnell an Höhe. Die Gamsgrube ist eine botanische Besonderheit. Hier haben sich Pflanzen gehalten, die noch während der Eiszeiten aus Zentralasien und Sibirien in den Alpenraum eingewandert sind. Dazu gehören das Edelweiß

S. 126: Bartgeier zählen zu den »Großen Fünf« im Nationalpark.
S. 127 links: Die Chancen, einen Steinadler zu sehen, stehen besser.
S. 127 rechts: Murmeltiere wird man gewiss zu Gesicht bekommen.
S. 128/129: Der grazile Glockner und der breite Johannisberg vom Weg zur Stockerscharte.

und viele andere. Das raue Klima und der Untergrund aus Flugsand haben es möglich gemacht.

Als wir am Nachmittag zum Glocknerhaus zurückkehren, sind wir mit dem reichlich anstrengenden »Ruhetag« voll zufrieden. Der FKK-Berg – eine liebevolle Abkürzung für den Fuscherkarkopf – hat alle Erwartungen erfüllt: Spitzenpanorama zum Glockner und zur Pasterze, Edelweiß direkt am Weg, freche Murmeltiere aus nächster Nähe, zwei Steinböcke und einen Bartgeier!

Siebter Tag

Ein Dutzend Handwerker und Bauern schleppen Holzbretter herauf, ebenso viele bearbeiten den Hang mit schweren Pickeln und verbreitern den Pfad. Hochsommerliche Temperaturen treiben ihnen den Schweiß ins Gesicht, aber es wird trotzdem mit Eifer gearbeitet, denn in ein paar Tagen kommt der Fürstbischof, und dann muss der Weg fertig sein. Sommer 1799. Graf Franz von Salm-Reiffenscheidt hat den Auftrag gegeben, einen Weg auf den Großglockner zu erkunden, und dabei fiel die Wahl auf den Zugang aus dem Leitertal. Jetzt wird innerhalb von nur einer Woche von den Heiligenblutern ein Reitweg durch die Engstelle am Taleingang gebaut und eine Unterkunftshütte am Einstieg zum Gletscher errichtet – die Ersteigung des Glockners wird im Eilzugtempo vorbereitet. Dass der Hauptgipfel erst ein Jahr später erobert werden kann, steht auf einem anderen Blatt. Aber das Leitertal, durch das auch wir am siebten Tag von der Ostseite des Glockners auf die Südseite wechseln, ist seit 1799 für etliche Jahrzehnte der Zugang, über den die Besteigung des Glockners verläuft.

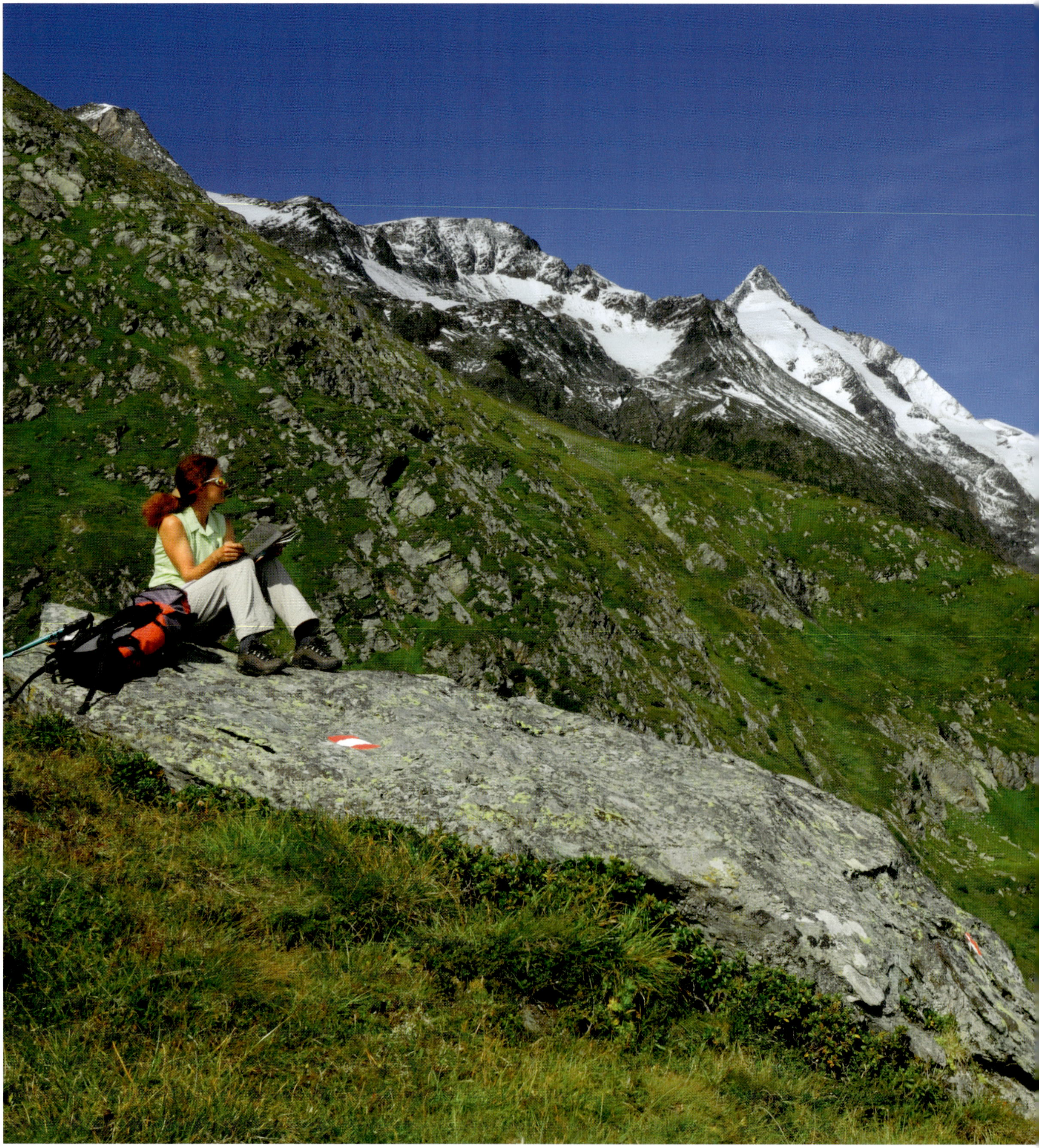

Vom Glocknerhaus kann man jedoch nicht direkt ins Leitertal einbiegen. Zuerst steigen wir hinab zum Stausee Margaritze und jenseits über schöne Gletscherschliffrücken hinauf zur Stockerscharte. Das ganze Panorama breitet sich nochmals vor uns aus, vom Glockner, der hier wie ein supersteiles Horn wirkt, bis zur sanften Gletscherpyramide des Johannisbergs. Dann übersteigen wir die Scharte und stehen hoch oben im Leitertal, weit, weit über dem Reitweg aus dem Jahr 1799.

Von weit draußen grüßt der spitze Heiligenbluter Kirchturm, unten im Tal sind die Bachläufe von Leiterbach, Glatzbach und Moosbach zu sehen. Teils sieht man fast die Gischt, teils mäandern sie malerisch durchs Grün. Immer wieder wird unsere Aufmerksamkeit auch von den Blumen am Wegrand beansprucht. Gelber Mauerpfeffer und buschiger violetter Enzian säumen den Pfad, Edelweißsterne spitzen durch das Gras, Glockenblumen und Schafgarben schaukeln im Wind. Hin und wieder sieht man das wohlgenährte Hinterteil eines Murmeltiers durch die Gräser hoppeln. Dann ist auch die Salmhütte zu sehen, der Nachfolgerbau jener 1799 im Blitztempo errichteten Unterkunft für die Erstbesteigung. Der Name erinnert noch heute an den fürstbischöflichen Auftraggeber. Mit 50 Plätzen ist sie klein geblieben. Wohltuend klein im Vergleich zu den riesigen Hütten entlang der heute beliebten Aufstiegsrouten: Stüdlhütte und Adlersruhe.

An der Salmhütte ist Zeit für eine ausgiebige Rast, denn lang ist der Weiterweg nicht mehr zur Glorer Hütte, dem heutigen Tagesziel. Nur die Querung des Nassfeldes mit seinen zig kleinen Quellaustritten und der schrofige Aufstieg auf die Glatzschneid stehen noch an. Der Übergang über das Bairische Törl wird so unscheinbar, dass wir ihn kaum bemerken.

Die Glorer Hütte ist also in unseren Gedanken schon erreicht, und so genießen wir die Brotzeit. Sogar die hartnäckige Wolke um den Glocknergipfel lichtet sich ein wenig, und man kann nochmals dem »König der Tauern« aufs Haupt schauen.

Zu den blauen Seeaugen der Schobergruppe
Achter Tag

Der Wiener Höhenweg, auf dem man gestern durchs Leitertal wanderte, bestimmt auch heute die Route. Gemeinsam mit dem Kärntner Grenzweg, teils auch mit anderer Routenführung, durchzieht er die Schobergruppe. Dieses Gebirge liegt nun noch zwischen unserem Standort und dem Ziel in Lienz. Eine klare Trennlinie zwischen Glockner- und Schobergruppe wird man vergebens suchen, denn das breite Tal zur Trennung gibt es nicht. Festgesetzt sind Moosbach und Peischlachbach als südliche Abgrenzung der Glocknergruppe. Beide entwässern ein kleines Moorgebiet oberhalb des Peischlachtörls.

Wir verabschieden uns also am achten Tag von den Murmeltieren an der Glorer Hütte, werfen bald auch einen letzten Blick auf den Glocknergipfel und steigen durch Blockwerk und über Wiesen in einer knappen Stunde hinab zum Peischlachtörl. Mit knapp 2500 Metern vermittelt die moorige Wiesenfläche mit dem kleinen Unterstandshüttchen nicht wirklich den Eindruck eines Törls, bestenfalls eines Eintrittstors in die Schobergruppe.

Die nächste Stunde ist dem steinigen Aufstieg in den Kesselkeessattel reserviert, wo wir den höchsten Punkt der Transalp erreichen: 2926 Meter. Der Name sagt es schon, dass hier das Kesselkees liegt, ein Kargletscher. Auch dass der im Südwesten begrenzende Gipfel Böses Weibl heißt, klingt nicht ermunternd. In

S. 130: Einer von unzähligen Seen der Schobergruppe.
S. 131: Immer wieder neue Eindrücke! Im Kesselkeessattel.
S. 132/133: Abschied nehmen von seiner Majestät, dem Großglockner.

Berchtesgaden – Lienz 131

Wirklichkeit ist der Weg zwar steinig, aber vom Gletscher sieht man nicht mehr als eine dunkelgraue, faltige Eismasse drüben im Kar, der Weg führt in sicherem Abstand links vorbei. Das erste blaugraue Seenauge der Schobergruppe liegt dann schon ein Stück unter uns, hier sammelt sich das Gletscherwasser ein erstes Mal, bevor es zum Peischlachbach wird, in den Ködnitzbach mündet, bei Kals in den Kalser Bach, schließlich in die Isel und uns in Lienz als hellblauer Gebirgsbach wieder begegnet. Wer wohl zuerst ankommt? Das Gletscherwasser ist zwar schneller, aber wir haben den geraderen Weg!

»Nie! Das Gletscherwasser holen wir nie ein!«, urteilen wir im Kesselkeessattel, als wir den weiteren Wegverlauf einsehen. Klammerköpfe, Großer Hornkopf und Kreuzkopf mit den zwischengelagerten Gletschern Gößnitzkees und Hornkees sperren wie eine rotbraune Brandschutzmauer den Weg nach Süden und drängen uns nach Westen in die Gößnitzscharte ab. Ein zweiter Aufstieg wird uns am Nachmittag dort hinauf bringen.

Im Sattel hadern wir ein wenig mit uns selbst. Diese rotbraunen Schuttberge vor uns sind einfach viel weniger faszinierend als die Eispyramiden der Glocknergruppe, ja selbst die grünen Schieferberge scheinen im Rückblick attraktiver. Ein kurzer Blick noch in die Gernot-Röhr-Biwakschachtel direkt im Sattel – eine Notunterkunft mit zwei Pritschen, ein paar Wolldecken und zwei Farbbüchsen –, ein allerletzter Abschiedsgruß zum Großglockner, dann beginnen wir den Abstieg.

Bald sind wir wieder versöhnt, denn im Tramerkar liegt der nächste See, ein grünes Oval, mitten in den Felsblöcken. Zunehmend im Grünen geht es weiter hinunter zum Gößnitzbach, der kurz vor der Elberfelder Hütte einen schönen Wasserfall bildet. Rotweiße Fensterläden, ein paar sonnige Holzbänke und ein Blick auf die Uhr: Brotzeit!

»Lienzer Hütte, 3 h«: Das leuchtend gelbe Schild gleich hinter der Elberfelder Hütte fasst kurz und bündig den Nachmittag zusammen. Nach ein paar Wiesenterrassen mit Gletscherschliffplatten wird es bald wieder steinig. Doch der Reiz liegt im Detail. Schöne Bänder durchziehen die Steinblöcke, weiße Quarzbrocken leuchten im Schwarz und im dunklen Kupfer. Verblühter Gletscherhahnenfuß spitzt in die Sonne, und wieder sind es zwei kleine Seen, die das Farbenspiel perfekt machen.

Kurz vor der Gößnitzscharte kommen uns die ersten Wanderer entgegen, denen wir heute begegnen, auf dem langen Abstieg ins Debanttal werden wir noch einige mehr sehen. Von Lienz aus ist das Debanttal mit der Lienzer Hütte gut erreichbar, sodass es hier nicht mehr ganz so menschenleer ist wie auf dem Wegabschnitt zwischen Leitertal und Gößnitztal.

Viele Murmeltierparadiese, ein weit, weit oben kreisendes Adlerpärchen, glatt polierte Felshöcker und der stille Salzplattensee sind die Eindrücke vom oberen Debanttal, bis man schließlich an der Lienzer Hütte erstmals seit dem Aufstieg zur Pfandlscharte die 2000-Meter-Linie wieder unterschreitet.

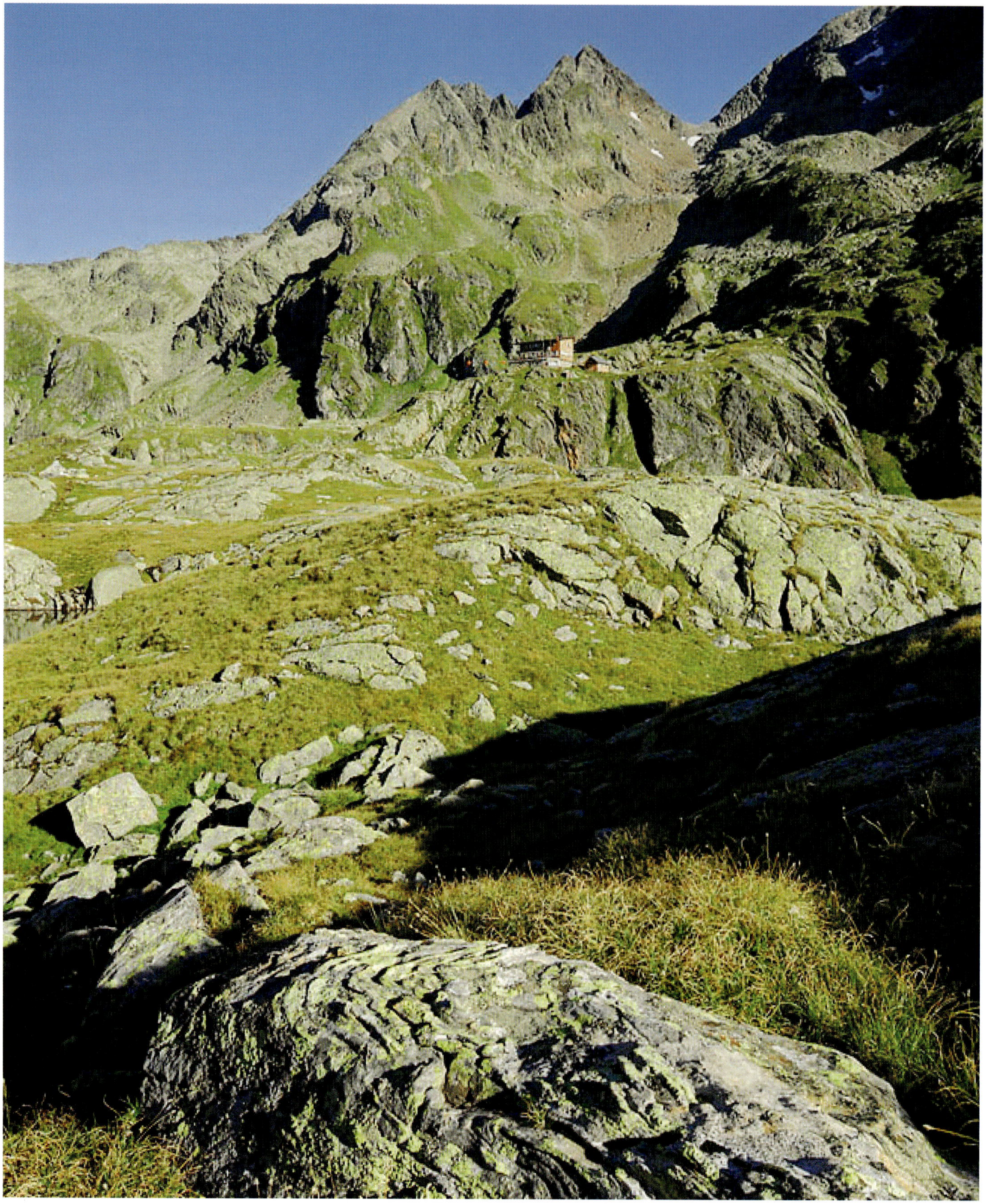

Neunter Tag

Für den neunten Tag gibt es verschiedene Möglichkeiten. Entweder man nimmt ein Blitzfrühstück ein, zischt in die Untere Seescharte hinauf – sofern 556 Höhenmeter ein Zischen zulassen – und eilt dann in großen Schritten auf dem Höhenrücken Lienz zu. Nach knapp zehn Stunden kann man so die Transalp um einen Tag abkürzen.

Oder man verteilt die restliche Gehzeit auf zwei halbwegs gleiche Etappen und wählt somit die Winklerner Hütte als Übernachtung. Sie steht auf der letzten lieblichen Wiesenterrasse, die der Rücken zwischen Debanttal und Winklern bildet, und ist schon ganz dem Drautal zugewandt.

Wir entscheiden uns gegen diese »Vernunftlösung« und legen einen »Ruhetag« ein. »Ruhetag« heißt in diesem Fall, wir steigen von der Lienzer Hütte teils über Blöcke, meist über Wiesen in die Untere Seescharte. Dort sehen wir den Kreuzsee und den großen Wangenitzsee, über dem die Wangenitzseehütte steht. Hier wollen wir unseren Ruhetag genießen. Am Seeufer sitzen, dem Glitzern der Wasseroberfläche zuschauen, die Wellenringe beobachten, wenn die Fische nach Insekten hüpfen, mit den Wolken über den Kärntner Himmel träumen und dann einen gemütlichen Hüttenabend! Die Wangenitzseehütte ist zwar voll belegt, für einige Bergsteiger droht sogar die Übernachtung auf den Bänken der Gaststube, aber die Hüttenwirtin

S. 134: Freundlich und wunderschön gelegen. Die Wangenitzseehütte.
S. 135: Das Edelweiß ist den Extremen des Hochgebirges angepasst.
S. 136/137: Farbenspiel über dem Wangenitzsee.

Berchtesgaden – Lienz

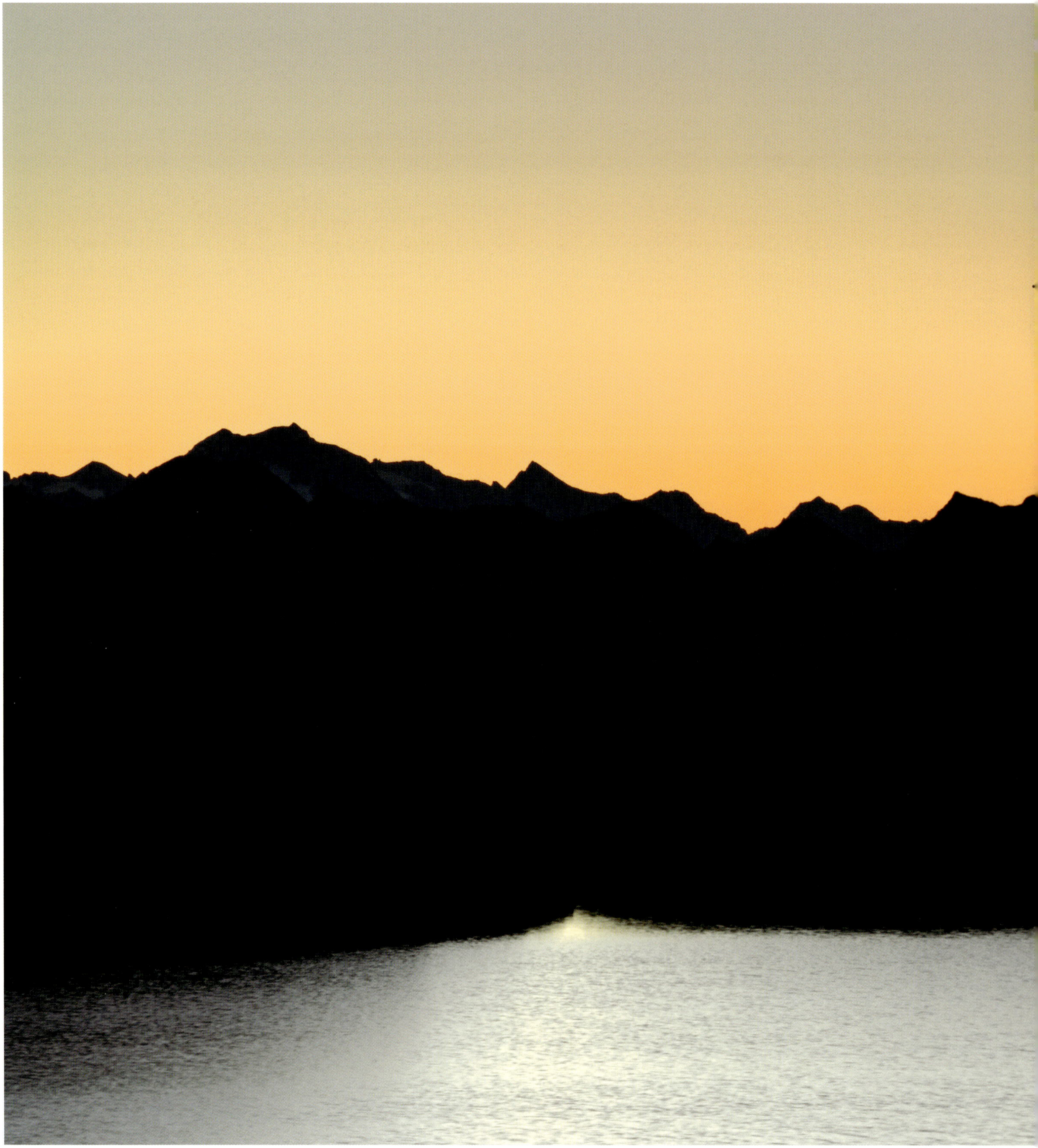

und ihr Team sind trotzdem guter Laune, zaubern jede Menge Köstlichkeiten aus der Küche – warme Bauernkrapfen mit Heidelbeermarmelade – und aus dem Bierfass schäumt der Gerstensaft. Kurz: den Ruhetag an der Wangenitzseehütte hat noch keiner bereut. Wem Ruhe ein Fremdwort ist, der hat mit dem Petzeck im Norden der Hütte einen lohnenden Dreitausender als Option oder mit dem Seesteig einen Klettersteig, der ohne besondere Höhendifferenz den Wangenitzsee umrundet.

Zehnter Tag

Orangerot strahlt der Morgenhimmel, im Tal flockt ein Nebelmeer und im See spiegeln sich die Gipfel der Taleinfassung. Nein, den Ruhetag bereuen wir nicht, auch wenn heute eine Siebenstundenetappe ein anstrengendes Finale verheißt. An der Oberen Seescharte nehmen wir Abschied vom Wangenitzsee und begrüßen die Lienzer Dolomiten. Sie stehen als lange Felskette am südlichen Horizont aufgereiht wie Mäusezähne. Ein langer Panoramaweg zieht sich von der Oberen Seescharte bis zur Winklerner Hütte. Unter der Himmelwand bimmeln die ersten Kuhglocken, und schon bald bewegt unsere Gemüter vor allem das Thema der Kuhfladenprämierung. Wer findet den schönsten? Formschön soll er sein, die Mindesthöhe von zehn Zentimetern haben und die Konsistenz … Unsere Fantasie kennt keine Grenzen, und direkt auf dem Weg finden sich oft die vielversprechendsten Prämienkandidaten. An der Winklerner Hütte müssen wir uns entscheiden, denn jetzt geht es teils auf Waldwegen weiter. Tatsächlich bewegt uns die Frage bis ins Tal, es kommt zum Patt, die endgültige Entscheidung wird beim nächsten Mal Berchtesgaden – Lienz getroffen werden müssen. Vielleicht sollten wir auch einen Arbeitskreis bilden, der eine Empfehlung erarbeitet. Knapp zwei Stunden von der Winklerner Hütte zur Gaststätte »Schöne Aussicht« lässt es sich prima über das weitere Vorgehen diskutieren, dann heißt es, den Tiefblick auf Lienz beachten. Gute 600 Höhenmeter unter uns drängt sich der Stadtkern ganz in den Westen des Talbodens.

In Iselsberg trifft man auf die Glocknerstraße, jetzt beginnt auch das Wegsuchen. So gut beschildert die Route im Gebirge war, so sehr machen sich die Wanderwegweiser jetzt rar. Am einfachsten wäre es, noch in Iselsberg in den Bus zu steigen und Lienz über die Bundesstraße zu erobern. Aber das verbietet dann doch die Transalp-Ethik. Und die blumengeschmückten Bauernhäuser, die freundliche alte Dame im hellblauen Kleid und mit Strohhut, die in der Hofzufahrt Holz hakt wie ein kanadischer Akkordarbeiter, der schöne Hohlweg zwischen Göriach und Debant und schließlich das Glücksgefühl des Ankommens – all das wäre uns entgangen. Auf der Spitalsbrücke überqueren wir die Isel. Ob der Wassertropfen aus dem Gletschersee gerade unter uns durchfließt oder schon längst aufs Schwarze Meer zutanzt?

Sonnenstadt Lienz: ein fast familiär wirkendes Stadtzentrum, einladende Straßencafés, die Blumen am Marktplatz, in der lauen Sommernacht dann die Rockband, die hier ihre Bühne aufgebaut hat und zusammen mit hunderten Lienzern Feierstimmung verbreitet. Noch einmal fühlen wir uns bestätigt mit dem Ruhetag, sonst wäre uns dieser Abend entgangen, und die Transalp wäre nur noch die Erinnerung ans Gestern. Wenn auch eine besonders schöne Erinnerung.

S. 138: Das schöne Schloss Bruck bei Lienz.
S. 139: Eine laue Sommernacht am Stadtplatz in Lienz.

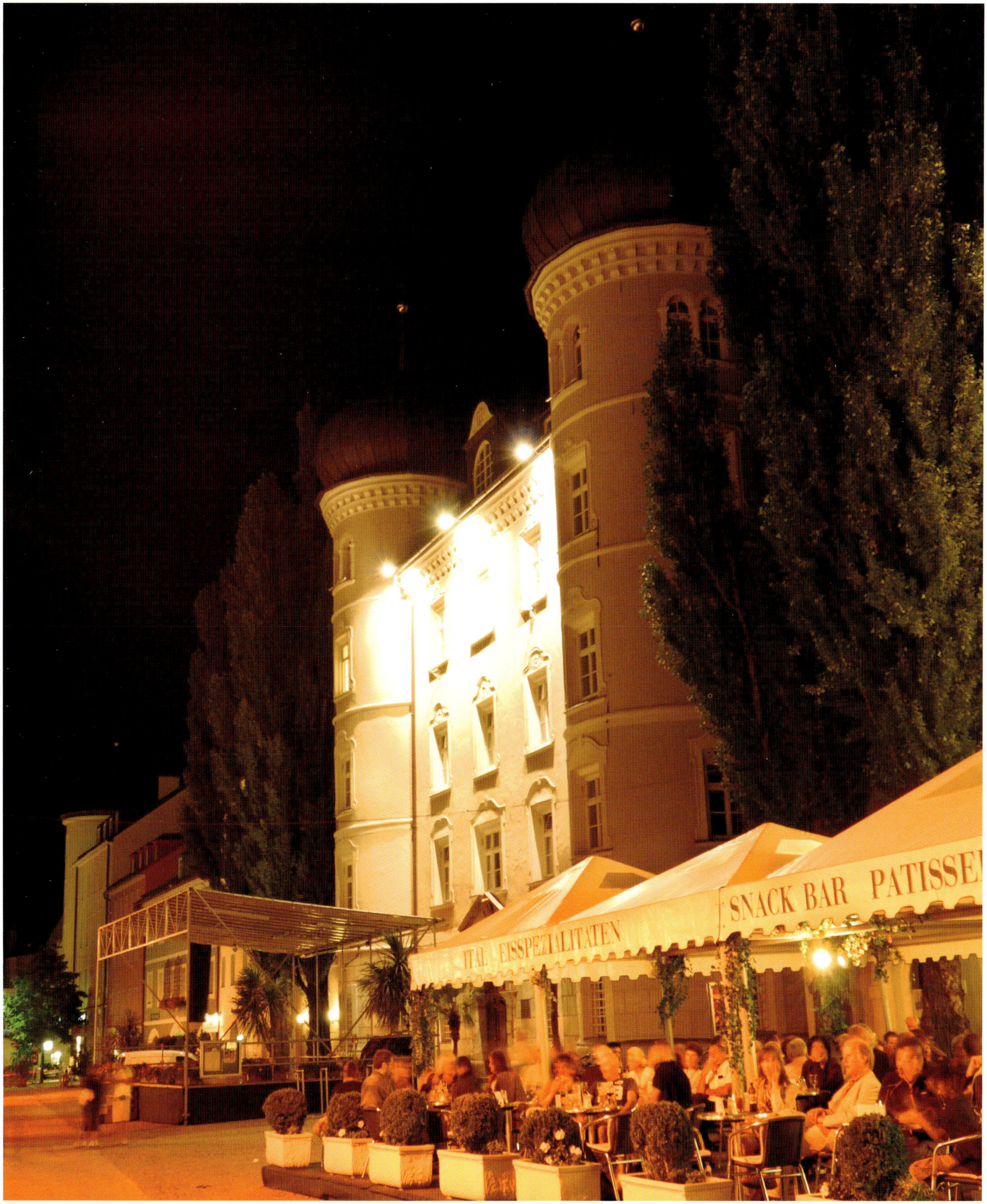
SNACK BAR PATISSE
ITAL EISSPEZIALITATEN

Wegbeschreibung:

Allgemeine Toureninfos:

Gesamtdauer: 9 Tage, bei Besteigung des Aussichtsgipfels Fuscherkarkopf ergeben sich 10 Tage
Schwierigkeit: Bergwanderung, Trittsicherheit nötig, im Abstieg vom Riemannhaus auf dem Hüttenweg kurze Versicherungen, im Aufstieg zur Pfandlscharte auf gut 200 Hm ein Schneefeld. Für die Variante über die Bockkarscharte Gletschererfahrung und entsprechend Ausrüstung nötig.
Konditionelle Anforderung: mittel, im Durchschnitt Tagesetappen ab 5 Std., maximal 7 ½ Std.
Höhenmeter/Kilometer: 7370 Hm im Aufstieg, 7700 Hm im Abstieg, 118 km Gehstrecke
Ausgangsort: Berchtesgaden, 571 m, Gästeservice des Berchtesgadener Landes, Königseer Str. 2, 83471 Berchtesgaden, Tel.: +49/(0)8652/9670, Fax: 967400, www.berchtesgadener-land.com, Bahnstrecke von Freilassing an der Verbindung München – Salzburg
Endpunkt: Lienz, 673 m, Tourismus-Info Lienz, Europapl. 1, A-9900 Lienz, Tel.: +43/(0)4852/65265, Fax: 652652, www.stadt-lienz.at; Bahnverbindung über Bruneck und Pustertal zum Brenner oder über Spittal und Mallnitz/Böckstein nach Salzburg oder Kufstein
Beste Zeit: Ende Juni - Ende September (Hüttenöffnungszeiten)
Karten: AV-Karte 10/1 Steinernes Meer, 1:25000 oder Landesamt für Vermessung, Berchtesgadener Alpen, UK L 4, 1:50000; freytag & berndt, Pongau, Hochkönig, Saalfelden, WK 103, 1:50000; AV-Karte 40 Glocknergruppe, 1:25000; AV-Karte 41 Schobergruppe, 1:25000 oder freytag & berndt, Kals, Heiligenblut, Matrei, Lienz, WK 181, 1:50000

1. Etappe:
Berchtesgaden – Kärlinger Haus

Höhenmeter: 1070 Hm Aufstieg, 40 Hm Abstieg
Zeit: 4 Std.
Ausgangsort: Bootssteg am Königssee, nahe des Großparkplatzes Königssee, Busverbindung von Berchtesgaden, Info Königsseeschifffahrt, Tel.: +49/(0)8652/963618, www.bayerische-seenschifffahrt.de
Wegverlauf: Mit dem Schiff fährt man zur Anlegestelle St. Bartholomä (604 m, Einkehr, ½ Std.). Sogleich auf dem Wanderweg links am Seeufer entlang (beschildert) und zum steilen Westufer. Auf gutem Weg in einigen Serpentinen die Flanke hinauf zur Schrainbachstube (866 m, 1 Std.), auf die rechte Bachseite und in dem Hochtal hinauf zur Verzweigung Sigeretplatte (rechts) – Kärlinger Haus (links, Weg 410/412). Links an die Talbegrenzung heran und in Serpentinen anstrengend die wilde Saugasse hinauf zur oberen Oberlahneralm (1384 m, 1 ¾ Std.). Am Ende des Tälchens geht der Weg nach links hinauf, über kurze Aufschwünge bis in den breiten Sattel (1672 m, 1 Std.) über dem Kärlinger Haus. Hier geradeaus weiter (links Richtung Grünsee, besch.) und kurz hinab zum Kärlinger Haus am Funtensee (1630 m, 10 Min.).
Übernachtung: Kärlinger Haus, Tel.: +49/(0)8652/6091010, 230 Plätze

2. Etappe:
Kärlinger Haus – Maria Alm

Höhenmeter: 550 Hm Aufstieg, 1380 Hm Abstieg
Zeit: 5:30 Std.
Wegverlauf: Vom Kärlinger Haus folgt man dem Weg zum Riemannhaus (410/413), dabei geht es am Funtensee links vorbei und oberhalb der anschließenden Wiesenterrasse an einer Verzweigung rechts (besch.). Über zunehmend kargeres Gelände immer am Hauptweg bleibend hinauf zum Riemannhaus (2177 m, Einkehr, Übernachtung, an einer Stelle Drahtseil, einfach, 2 ¼ Std.). Am Riemannhaus direkt auf dem Hüttenweg (401/410/413) hinab Richtung Maria Alm. Der Abstieg ist oben sehr steil, auf einer langen Passage mit Drahtseil gesichert, gute Treppenstufen. Schließlich im flacheren Kar am Materiallift vorbei und auf der Zufahrtsstraße durch das Geröllkar hinab (Ende bei 1319 m, 1 ¾ Std., beschildert Maria Alm), dann durch den Wald. Kurz vor dem Dorf gelangt man an der Verzweigung Maria Alm/Kronreith auf die Asphaltstraße (besch.) und geht gerade hinab ins Dorf. Bei einem Sackgassenschild überquert man den Bach nach links (besch.) und gelangt schon bald ins Zentrum (802 m, 1 ½ Std.).
Gipfeloption: Breithorn (2504 m), beschilderter Weg, 1 Std. Aufstieg ab Riemannhaus
Übernachtung: Riemannhaus, Tel.: +43/(0)6582/73300, 140 Plätze; in Maria Alm: Tourismus-Information an der Kirche, an der Dorfstraße links
Einkaufsmöglichkeit: Maria Alm

3. Etappe:
Maria Alm – Statzerhaus

Höhenmeter: 1600 Hm Aufstieg, 290 Hm Abstieg
Zeit: 6:30 Std.
Wegverlauf: Auf der Dorfstraße in Maria Alm bis ca. 50 m vor die Hauptstraße Saalfelden-Dienten, hier rechts und nach einem Spielplatz links (besch. Hinterreith), über die Hauptstraße und auf den Wanderweg nach Hinterreith (Weg 446). Nun immer auf beschilderter Straße nach Hinterreith (900 m, Einkehr, ½ Std.). Bei Hinterreith links auf eine Almstraße (besch.) und immer auf dieser hauptsächlich durch den Wald, dann auf einem Fußweg, bis man auf eine Forststraße nach links einschwenkt (1412 m, immer Weg 446, 1 ¾ Std.). Schon nach Kurzem auf beschildertem Fußweg weiter, anfangs durch Wald und dreimal die Forststraße überquerend, dann ins Wiesengelände und an Almen vorbei. Über die Nordflanke hinauf zu einem Vorgipfel und weiter zur Schwalbenwand (2011 m, 2 Std.). Nun bleibt der Weg immer am schönen Grat (Weg 446 u. 87): ca. 50 m hinab, dann hinauf zu einem grasigen Hügel, jenseits 60 Hm hinauf und hinauf zum Schönwieskopf (1994 m, ¾ Std.). Zu einem kleinen Teich in der nächsten Scharte geht es 110 Hm hinab, dann folgt der lange, flache Aufstieg Richtung Ochsenkopf. Unter diesem führt der Weg nördlich hindurch und steigt vom Sattel zwischen Ochsenkopf und Hundstein (1931 m, 1 ¼ Std.) entweder über den Gratrücken oder links ausholend zum Statzerhaus hinauf (2117 m, ½ Std., Weg 80).
Übernachtung: Statzerhaus, Tel.: +43/(0)6542/74438, 33 Plätze

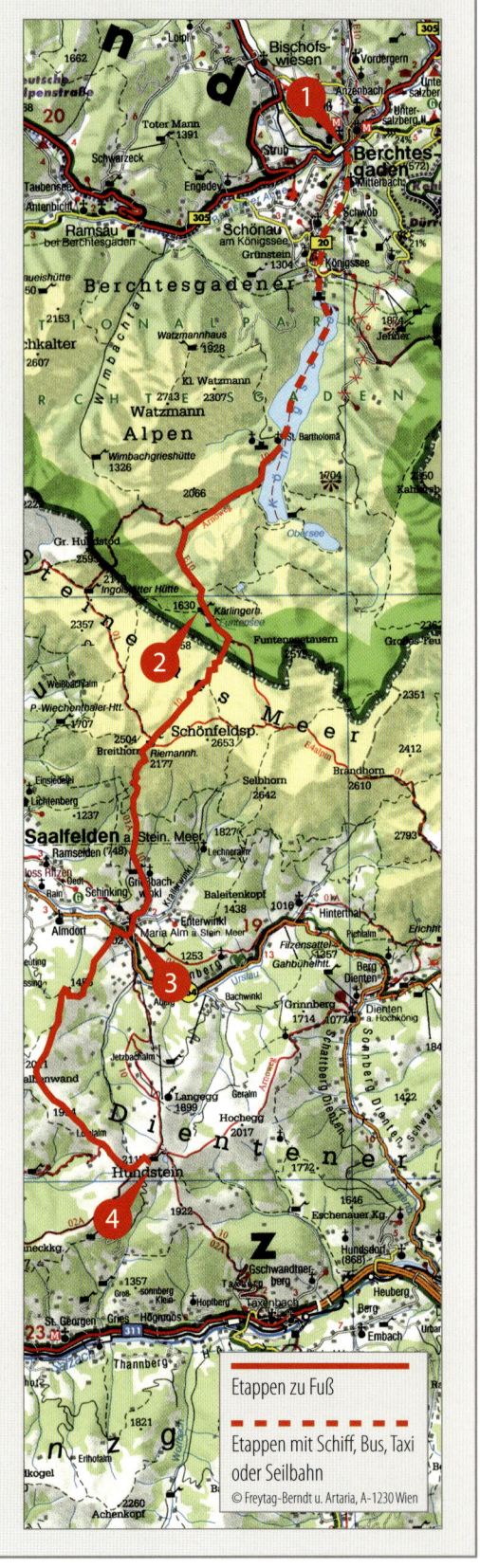

4. Etappe:
Statzerhaus – Lukashansl

Höhenmeter: 370 Hm Aufstieg, 1360 Hm Abstieg
Zeit: 6:20 Std.
Wegverlauf: Vom Statzerhaus steigt man wieder ab in den Sattel vor dem Ochsenkopf (1913 m, ½ Std.). Nun links um diesen herum und immer auf dem Thumersbacher Kammweg der Beschilderung Bruck folgen (Weg 444). Die Almstraße führt meist flach auf der nördlichen Kammseite hinab, bis man sich an einer Forststraßenverzweigung nach links wendet Richtung Erlhofplatte (Weg 444). Hier bei einigen Wochenendhäusern (1373 m, 2 ¼ Std.) rechts auf den Fußweg (444) und die Forststraße sogleich nochmals queren. Über den Taxhof (1020 m, Einkehr, Übernachtung, 1 Std.) hinab, durch einen Holzschlag, anschließend auf einem Sträßchen links und hinunter in ein kleines Hochtal (immer 444). Hier bei einem Wohnhaus unbeschildert nach links (Beschilderung nach rechts: Hasling) und kurz hinunter nach Bruck (755 m, ¾ Std.). Auf der Straße nach links und schon bald rechts über die Glocknerbrücke zur Bushaltestelle bei der Tourismusinfo links der Kirche. Mit dem Bus Nr. 650 hinauf nach Ferleiten: 8:38, 9:38 (bis Franz-Josefs-Höhe), 10:38, 12:38, 14:48 (Mo - Fr), 16:38, 18:38 (Mo - Fr); ab Ferleiten auch um 14:15 zur Franz-Josefs-Höhe, damit verkürzt sich die Tour um 1 ½ Tage. Von Ferleiten (1152 m) auf der rechten Talseite auf dem Käfertal-Natur-Erlebnisweg (beschildert Pfandlscharte) taleinwärts. Über den Bach (besch.), an einer Verzweigung links (Weg 3c, 728) und in einigen langen Serpentinen die Almstraße hinauf Richtung Traueralm/Lukashansl. Kurz vor der Alm an einer Verzweigung den rechten Weg (besch., Weg 3c) zum nahen Gebäude (1530 m, 2 Std. ab Ferleiten, Einkehr, Übernachtung).
Variante: ab Ferleiten, s. 5. Etappe
Übernachtung: in Bruck: Taxhof, Tel.: +43/(0)6545/6261; in Ferleiten: Tauernhaus, Tel.: +43/(0)664/1580100; Traueralm, Mitte Juni - Anfang Oktober, Tel.: +43/(0)6545/7458, www.lukashansl.at
Einkaufsmöglichkeit: Bruck

5. Etappe:
Lukashansl – Glocknerhaus

Höhenmeter: 1230 Hm Aufstieg, 610 Hm Abstieg
Zeit: 5:20 Std.
Wegverlauf: Vom Lukashansl noch kurz auf der oberhalb verlaufenden Almstraße weiter, über zwei Bäche, dann gleich beim Schild „Nationalpark Außenzone" links auf den Wanderweg (markiert) und über Wiesengelände hinauf Richtung Pfandlscharte. Über dem Späherbrünnl (2295 m) noch ein paar Serpentinen hinauf bis in eine Verflachung, hier an geeigneter Stelle über den Bach (weiter oben hat den Bach weniger Gefälle). Nun geht es das Schneefeld (Beginn 2380 m, 2 ¾ Std.) hinauf bis in die Untere Pfandlscharte mit dem schon von unten sichtbaren Kreuz (2665 m, ¾ Std.). Bei allzu hartem Schnee kann man im losen Moränenschutt rechts ebenfalls mühsam, aber ungefährlich aufsteigen. Jenseits der Scharte führt der Weg hinab, quert das große Kar über dem See aus (2560 m), steigt nochmals in Serpentinen hinauf auf eine Kuppe bei einem kleinen See (2640 m, ½ Std.) und jenseits im Wiesengelände zum Glocknerhaus hinab (2132 m, 1 ¼ Std., Einkehr, Übernachtung).

Variante: Über Schwarzenberghütte, Tel.: +43/(0)676/4908584 und Bockkarscharte: Von Ferleiten auf dem Erlebnisweg taleinwärts, dann beschildert rechts hinauf zur Schwarzenberghütte (2267 m, Übernachtung), hier auf markiertem Weg (immer 727) unter der Hohen Dock hindurch ins Remsschartl (2671 m, steile Schneefelder unter der Dock, Vorsicht bei hartem Firn).

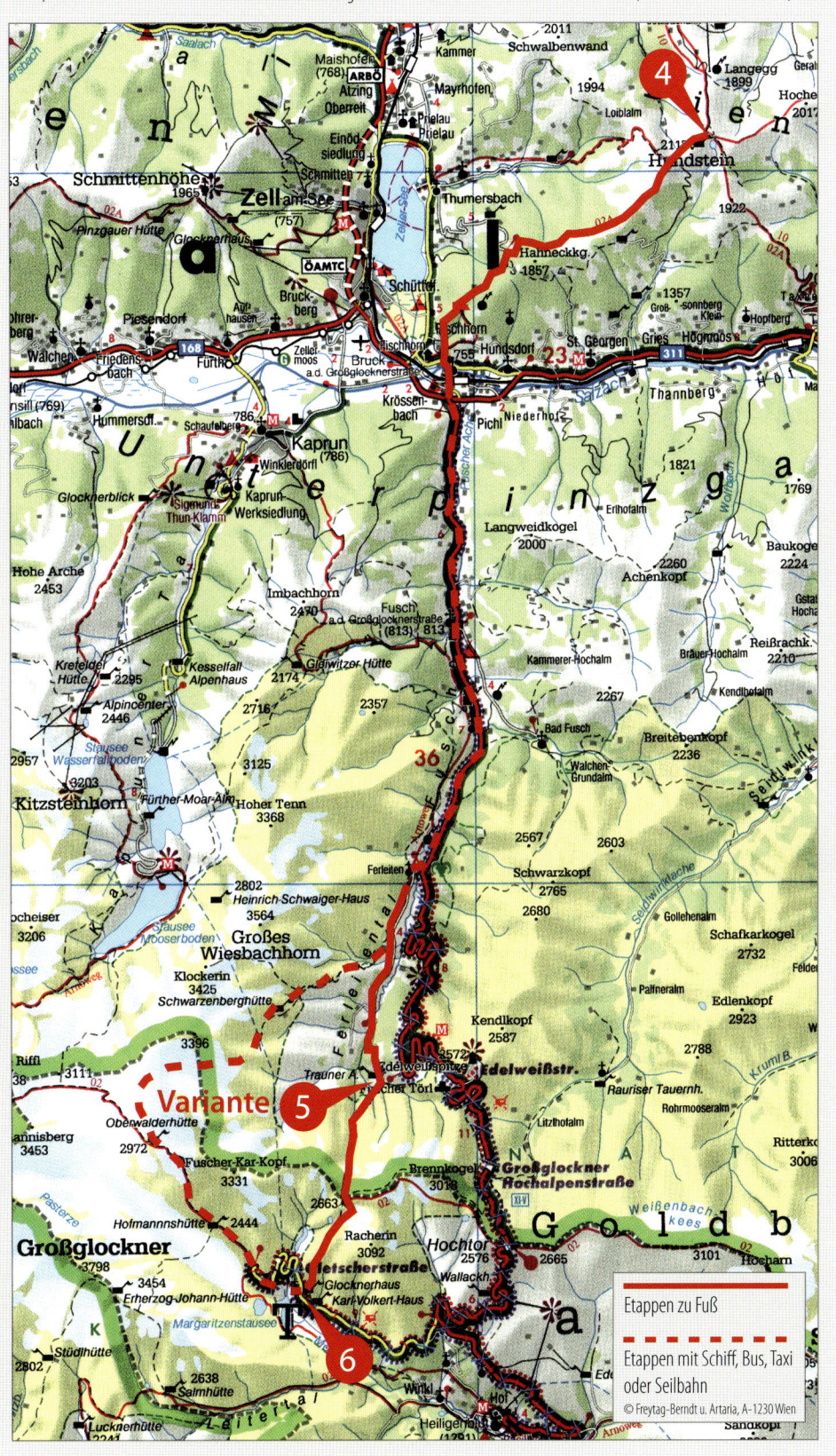

Aus der Scharte rechts hinauf und über den ausgesetzten Hohen Gang (Versicherungen) auf das Bockkarkees. Den flachen, aber spaltigen Gletscher hinüber in die Bockkarscharte (3040 m) und über den Wasserfallwinkel (Gletscher) hinab auf den Hüttenweg der Oberwalderhütte am unteren Gletscherende (ca. 2600 m). Über den breiten Gamsgrubenweg zur Franz-Josefs-Höhe und hinab zum Glocknerhaus. (Schwierig, Gletschererfahrung und -ausrüstung nötig.)
Gipfeloption: Spielmann (3027 m), aus der Pfandlscharte, 1 Std. Aufstieg, Schwierigkeit I, zwei kurze felsige Passagen, kurz versichert
Übernachtung: Glocknerhaus, Tel.: +43/(0)4824/24666, 88 Plätze; Karl-Volkert-Haus, Tel.: +43/(0)4824/2518, 50 Plätze; Pasterzenhaus, Tel.: +43/(0)4826/369 und Tel.: +43/(0)676/4627387, 15 Plätze

6. Etappe: Glocknerhaus – Gamsgrubenweg – Glocknerhaus

Höhenmeter: 430 Hm Aufstieg, 430 Hm Abstieg
Zeit: 3:15 Std.
Wegverlauf: Vom Glocknerhaus auf der Straße hinüber zum Pasterzenhaus, auf dem Fußweg hinauf zur Franz-Josefs-Höhe. Hier auf dem Gamsgrubenweg durch einige Tunnels und weiter hoch über der Pasterze bis zum Ende des breiten Wanderwegs bei einem Rastplatz (ca. 2550 m, Schautafeln, 1 ¾ Std.). Auf diesem Weg zurück.
Gipfeloption: Fuscherkarkopf (3331 m): vom Gamsgrubenweg beschildert rechts hinauf über den Südwestgrat. Versicherungen, Schwierigkeit I, 2 ½ Std. Aufstieg

S. 142: Livemusik beim Stadtfest in Lienz: Das Ziel der Transalp ist erreicht.

7. Etappe: Glocknerhaus – Glorer Hütte

Höhenmeter: 900 Hm Aufstieg, 390 Hm Abstieg
Zeit: 4:30 Std.
Wegverlauf: Direkt vom Glocknerhaus hinab zum Margaritzen-Stausee (2010 m, Weg 741). Dort über die beiden Staumauern (½ Std.) und an einer Verzweigung geradeaus (Weg 741). In Serpentinen hinauf zur Stockerscharte (2442 m, 1 ¼ Std.) und jenseits auf einem Höhenweg hoch über dem Leitertal taleinwärts, anfangs leicht fallend, an einer felsigen, ausgesetzten Stelle mit Geländerseil versichert, dann über Wiesen zur Salmhütte (2638 m, 1 ¾ Std., Einkehr, Übernachtung). An der Salmhütte auf dem Weg 702 rechts des Gebäudes (besch.) weiter und kurz hinab ins Nassfeld und zu einer Verzweigung, hier geradeaus (besch.) und über einen Felsensteig (Versicherungen) zur Glatzschneid mit einer kleiner Unterstandshütte (ca. 2660 m, ½ Std.). Weiter fast höhengleich ins Bairische Törl (wenig markant) und nach Kurzem zur Glorer Hütte (2642 m, ½ Std., Einkehr, Übernachtung).
Übernachtung: Salmhütte, Tel.: +43/(0)4824/2089, 50 Plätze; Glorer Hütte, Tel.: +43/(0)664/3032200, 50 Plätze, ab Ende Juni geöffnet

8. Etappe: Glorer Hütte – Lienzer Hütte

Höhenmeter: 870 Hm Aufstieg, 1530 Hm Abstieg
Zeit: 7 Std.
Wegverlauf: Von der Glorer Hütte im Auf und Ab, erst zuletzt immer fallend ins Peischlachtörl (2490 m, Unterstandshütte, ¾ Std.) und beschildert (Weg 918) Richtung Elberfelder Hütte. In einem kleinen Moor schon bald nochmals Verzweigung, hier links (Weg 918). Nun geht es hinauf in die Kesselkarscharte (2924 m, 1 ½ Std.) mit dem Gernot-Röhr-Biwak, zuletzt über Blockwerk ein gutes Stück oberhalb der linken Seite des Gletscherrestes.
Jenseits der Scharte in Serpentinen den Hang hinab (Weg 918), durch ein Blockfeld und dann auf die rechte Talseite, um so zum Hauptbach abzusteigen (2310 m, 1 ½ Std.) und jenseits kurz hinauf zur Elberfelder Hütte, die bereits ab der Scharte am Gegenhang sichtbar ist (2346 m, 5 Min., Einkehr, Übernachtung).
Von der Elberfelder Hütte auf dem Elberfelder Weg (915) in einigen Stufen hinauf in die obere Karschüssel. Nun auf steinigem Pfad immer rechts des teils noch mit Geröll bedeckten Gletschers und an einem Gletschersee vorbei, bis man in die Gößnitzscharte gelangt (2737 m, 1 ¼ Std.). Von der Scharte beschildert (915) links hinab, über Moränenbuckel und an einem kleinen See vorbei bis zur Lienzer Hütte im Talgrund, jenseits des Baches (1977 m, 2 Std., Einkehr, Übernachtung).
Gipfeloption: Böses Weibl (3121 m) vom Gernot-Röhr-Biwak, besch., 1 Std. Aufstieg, Blockwerk
Übernachtung: Elberfelder Hütte, Tel.: +43/(0)4824/2545, 58 Plätze; Lienzer Hütte, Tel.: +43/(0)4852/69966, 87 Plätze

9. Etappe: Lienzer Hütte – Wangenitzseehütte

Höhenmeter: 590 Hm Aufstieg, 60 Hm Abstieg
Zeit: 2:20 Std.
Wegverlauf: Von der Lienzer Hütte zurück über den Bach und an der nahen Verzweigung rechts (Weg 917). In wechselnder Steilheit, zuletzt in vielen Serpentinen, in die Untere Seescharte (2533 m, 2 Std.), erkennbar auch am Materiallift, der ebenfalls über diese Scharte zur Hütte führt. Jenseits über Blockwerk, dann zwischen den beiden Seen hindurch und hinauf zur nahen Wangenitzseehütte (2508 m, 20 Min., Einkehr, Übernachtung).

Gipfeloption: Petzeck (3283 m), 2 ½ Std. Aufstieg, teils Wanderweg, kurz versichert, einfaches Firnfeld
Übernachtung: Wangenitzseehütte, Tel.: +43/(0)4826/229, 63 Plätze, bis Ende September geöffnet

10. Etappe: Wangenitzseehütte – Lienz

Höhenmeter: 200 Hm Aufstieg, 2000 Hm Abstieg
Zeit: 7:30 Std.
Wegverlauf: Von der Wangenitzseehütte ein kurzes Stück auf dem Weg zurück, zwischen den beiden Seen hindurch und nun links auf den Weg zur Winklerner Hütte (918) und in die Obere Seescharte (2604 m, ½ Std.). Von der Scharte auf einem Höhenweg immer in südlicher Richtung, bis nach Langem der Weg auf eine Almstraße einmündet. Auf dieser anfangs leicht steigend weiter (Weg 918). An der Roaner Alm (1903 m, 2 Std., Einkehr) auf den Fußweg zur Winklerner Hütte (oberhalb der Fahrstraße, besch.) und kurz weiter durch den Wald zur Winklerner Hütte (1906 m, ¼ Std., Einkehr, Übernachtung.) Nun auf der Zufahrtsstraße hinab und an einer Verzweigung links auf die Straße Richtung Iselsberg (918). Auf dieser steigt man ab, bis links der Fußweg (918) auf einen Hohlweg leitet, der die Straße später wieder überquert. Nun teils kurz auf Straßen, meist auf Fußwegen immer der Beschilderung Iselsberg und Schöne Aussicht folgend hinab (Weg 37b). Bei der Schönen Aussicht (1303 m, 2 Std., Einkehr, Abstecher auf der Asphaltstraße kurz rechts hinüber) weiter auf dem Fußweg, zuletzt auf einer Straße bis zur Kirche in Iselsberg (1120 m, ½ Std.). In Iselsberg wird die Glocknerstraße überquert (besch. Gemeindezentrum), man geht am Gemeindezentrum vorbei, wendet sich rechts und biegt sogleich auf die untere Straße ein, wo beschildert der „Kirchsteig" (Weg 1) links abzweigt. Mittels einer Unterführung unter der Glocknerstraße hindurch, auf dem linken Weg auf einen Bauernhof zu, wo noch oberhalb bei einem Holzkreuz der Fußweg weiterführt. Nach einem Wohnhaus links auf einer Straße wieder zurück zur Glocknerstraße, die überquert wird (Weg 1). Schließlich kommt man links einer Wiese auf eine Verzweigung, wo man die linke, untere Almstraße nimmt, die in einer Tornante Richtung Lienz führt. Immer hinab, bis man nach Häusern nochmals auf die Bundesstraße trifft, auf dieser ca. 50 m hinauf, wo links die Dorfstraße Richtung Göriach abbiegt. Hier gleich rechts auf den „Römerweg" (besch. Debant). Bei einigen Häusern gelangt man wieder auf eine Asphaltstraße, hier links hinab zur Debantbrücke (700 m, 1 Std.), über diese hinüber und sogleich nach rechts auf einen Fußweg und zur Dorfstraße, die parallel zur Hauptstraße durch Debant führt. An der nächsten Kreuzung rechts, dann links und so am Ortsrand bis zu einer kleinen Kirche. Geradeaus weiter, zuletzt auf einem geteerten Rad- und Fußweg bis nach Lienz (673 m, 1 Std.). Im Zentrum zuerst geradeaus, dann links über die Spitalsbrücke zum Marktplatz (beschildert) und links haltend zum Bahnhof.
Übernachtung: Winklerner Alm, Tel.: +43/(0)664/2333081, 20 Lager; div. Möglichkeiten in Iselsberg und Lienz.

S. 140: Die ersten drei Tage durch die Berchtesgadener Alpen zu den Dientner Schieferbergen.
S. 141: In zwei Tagen zum Fuß des Großglockners.
S. 143: Durch den Nationalpark Hohe Tauern wandert man vier Tage bis nach Lienz.

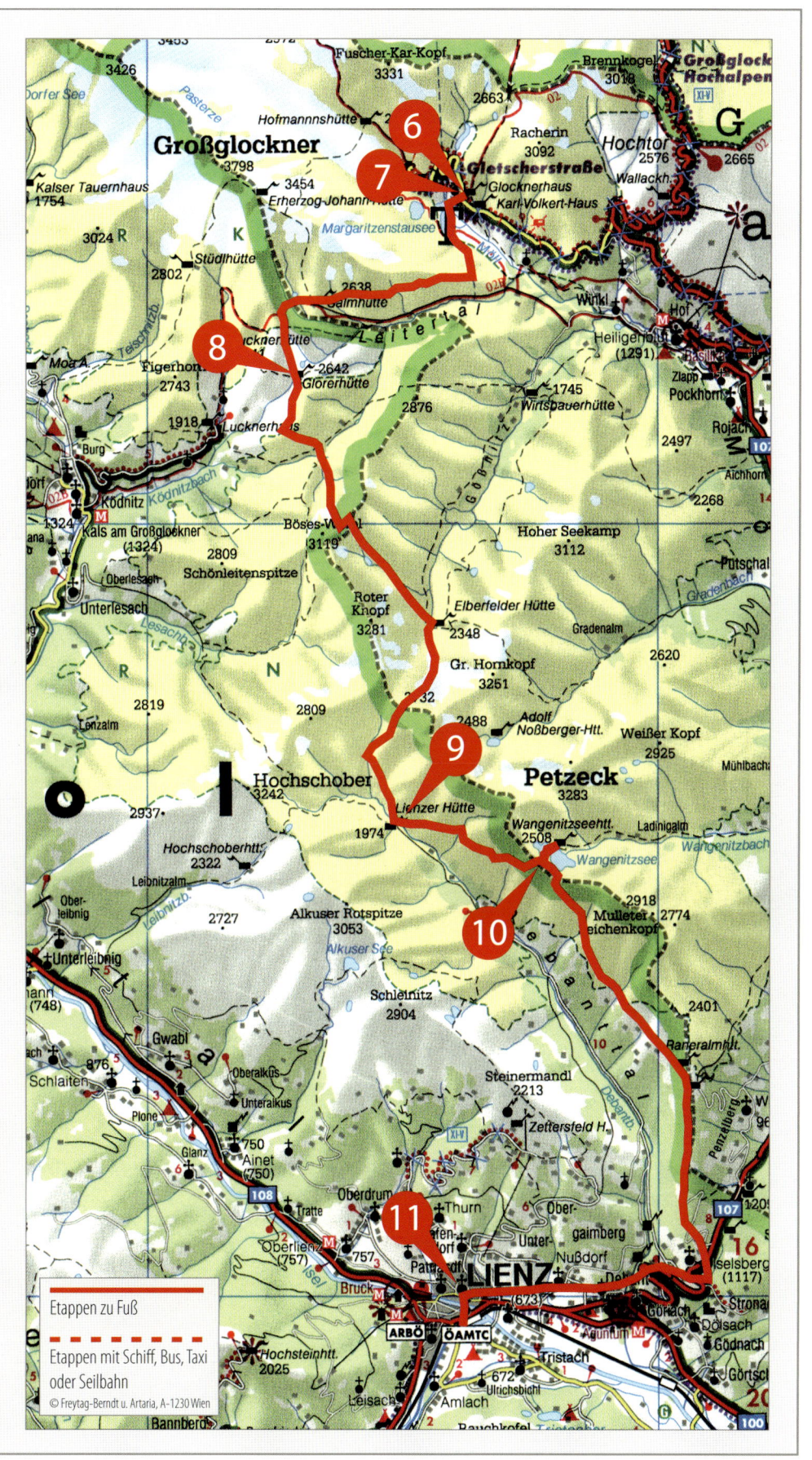

freytag & berndt

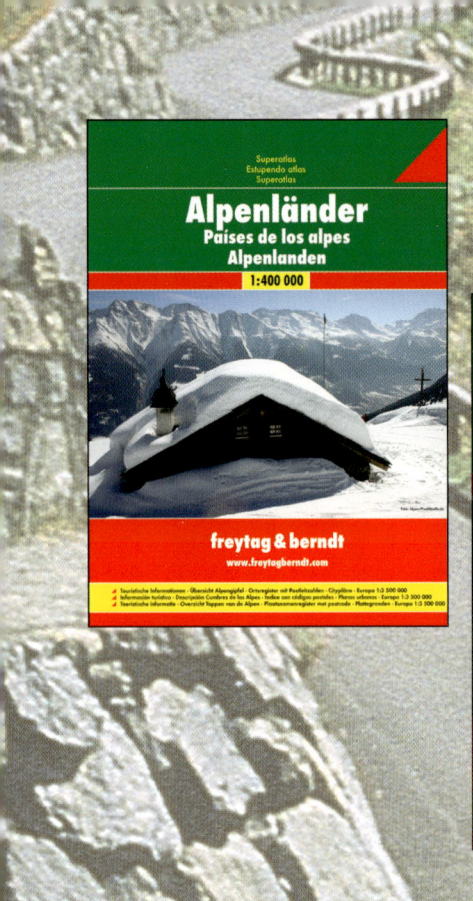

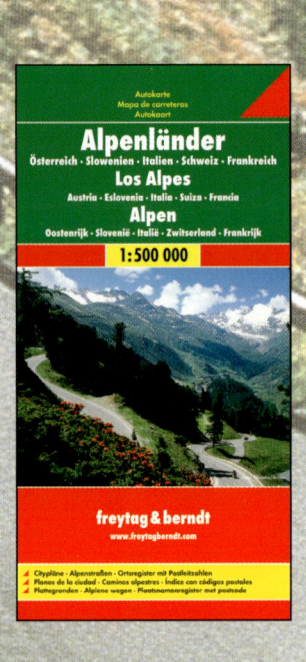

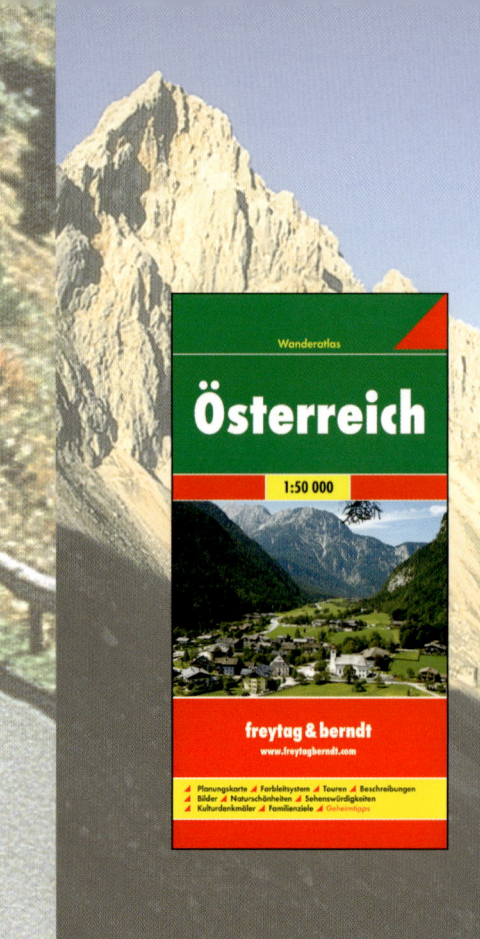

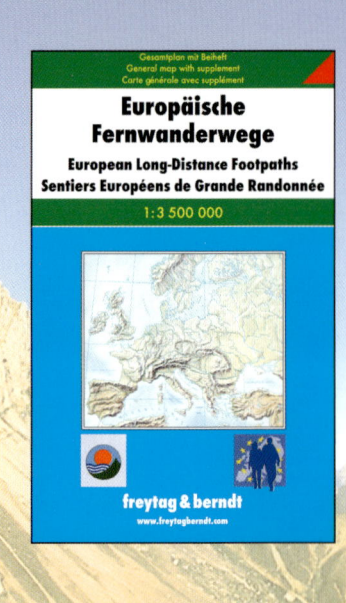

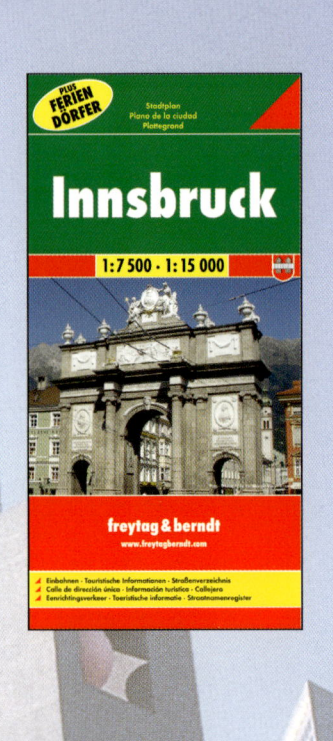

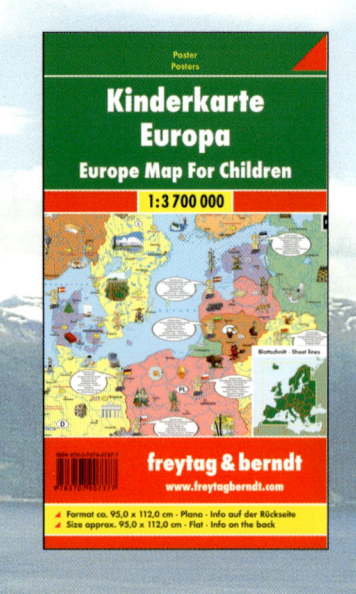

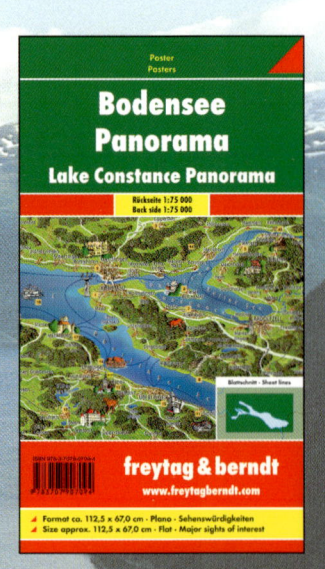

Alpenländer
Países de los alpes
Alpenlanden
1:400 000

Alpenländer
Österreich · Slowenien · Italien · Schweiz · Frankreich
Los Alpes
Austria · Eslovenia · Italia · Suiza · Francia
Alpen
Oostenrijk · Slovenië · Italië · Zwitserland · Frankrijk
1:500 000

Österreich
1:50 000

Europäische Fernwanderwege
European Long-Distance Footpaths
Sentiers Européens de Grande Randonnée
1:3 500 000

Wien
Viena
Wenen
1:25 000

Innsbruck
1:7 500 · 1:15 000

Kinderkarte Europa
Europe Map For Children
1:3 700 000

Bodensee Panorama
Lake Constance Panorama

freytag & berndt
www.freytagberndt.com

WIEN · MÜNCHEN · PRAHA · BRATISLAVA · BUDAPEST · LJUBLJANA · MADRID